북한 전쟁 문학 연구

북한 전쟁 문학 연구

이귀화 지음

카오스북

북한 전쟁 문학 연구

발행일 2024년 8월 30일

저자 이귀화
발행인 오성준
발행처 카오스북

편집 김재관
본문 디자인 김재석
표지 디자인 BookMaster K

등록번호 제2020-000074호
주소 서울시 은평구 통일로73길 31
전화 02-3144-8755, 8756
팩스 02-3144-8757
규격 128×188mm 자수 146,835자

웹사이트 www.chaosbook.co.kr
ISBN 979-11-87486-54-1 93800
정가 18,000원

머리글

오래전부터 마음에 두었던 책 출판을 하게 되어 마음이 설레인다. 머리글을 쓰려고 컴퓨터 앞에 앉으니 박사공부 시절 중국 국가도서관, 한국 국립중앙도서관과 서울대학교 중앙도서관 등 여러 도서관을 헤매며 자료수집에 여념이 없던 날들이 주마등처럼 스쳐 지나간다. 벌써 오랜 시간이 지났지만 그 시절의 열정, 그 때의 간절함과 절박함이 지금도 생생하다.

당시 북한문학사를 공부하면서 고독하고 고립되어 있다는 느낌이 들 때가 많았다. 중국에서 북한문학을 연구하는 학자들이 많지 않았고 한국에도 북한문학에 대한 연구가 다른 분야의 연구에 비해 활발하지 않았다. 텍스트 선정과 자료 참고에 한계가 많았고 이미 연구된 내용들도 대동소이하였다. 그랬기 때문인지 도서관이나 자료실 구석에서 먼지가 뽀얗게 쌓인, 아무도 뒤적이지 않았던 새 자료를 찾아냈을 때의 희열은 말로 형언하기 어려웠다.

1950년대는 한국, 북한 모두 전쟁에 의한 참혹한 피해로 인한 고난의 시대이자 전후 복구 건설이 이루어지는 격동의 시대였다고 할 수 있다. 당시 특수한 시대 배경 하에 북한에서는 문학의 사회적 기능, 교육적 기능을 많이 중요시하였는데, 이는 당시 창작된 문학작품의 내용이나 인물 형상의 창조 등에 고스란히 반영되어 있다. 대체적인 소설 창작 상황을 볼 때 1950년6월부터 1953년7월까지는 전쟁 시기였기에 짧고 기동적인 단편소설이 위주를 이루어서 중장편소설은 상대적으로 적은 편이었다. 그 내용면에서도 전쟁이 한창 가열처절하게 진행되는 중인지라 북한의 인민군과 후방 민중들의 애국심과 불굴의 투쟁정신을 형상화한 내용들이 작품의 주된 흐름을 이루었다. 전쟁이 끝난 후 북한은 전후 복구 건설 시기에 들어섰는데 전쟁이 끝난 후의 시간 여유가 생기면서 전후 규정된 문학의 기본방향과 과업에 따라 중장편소설들이 많이 창작되었다. 전후 소설은 보통 전후 복구 건설과 사회주의적 개조를 반영한 작품, 계급교양을 위한 혁명투쟁을 다룬 작품들이 많았다.

1950년대 초에 전쟁을 겪었기에 1950년대는 전쟁에 대한 생생한 기억이 남아 있으며 또 전쟁제재 소설의 창작이 제일 활발했던 시기이기도 하다. 비록 전쟁 시기 혹은 그 직후에 창작된 작품들은 전쟁터의 전의를 고취하고 전후 복구 건설의 열의를 올리려는 강한 목적성에 의해 의식적으로 창작되었지만 그 중에는 전쟁 당시의 실제적인 모습도 많이 담았다. 특히 중장편소설은 편 폭이 긴 만큼 담을 수 있는 내용이 많고, 작가들이 시간적 여유를 가지고 실제 있었던 전투를 소재로 하여 창작하였기에 전쟁의 진실한 모습들이 단편소설보다 많이 담겨 있으리라고 판단된다. 이 책에서는 1950년대 전쟁 시기와 전후 복구 건설 시기에 북한에서 창작한 6.25전쟁을 소재로 한 11편의 중장편 소설을 텍스트로 하여 연구를 진행하였다.

이 책은 필자의 수준과 자료 획득 제한으로 많은 부족함이 있으리라 생각한다. 하지만 그동안 깊게 연구하지 않았거나 문학사에서 제목과 간략하게 소개된 텍스트를 연구 대상으로 선정하여 진행한 연구인 만큼 북한문학을 공부하고 연구하는 분들에게 조금이나마 도움이 될 수 있을 것이라 기대한다. 북한문학 연구는 적지 않은 성과를 거두었지만 아직 많이 부족하다고 생각한다. 이 책이 분단이라는 특수한 상황 속에서 이루어지고 있는 북한문학사 연구에 도움이 되었으면 한다. 이 책에서 언급하지 못했거나 연구하지 못한 부분이 있다면 많은 양해를 바라며 전문가들과 독자들의 비평을 바라 마지 않는다.

끝으로 이 책이 출간될 수 있도록 많은 도움을 주신 분들께 감사 인사를 드린다. 또한 이 글을 꼼꼼하게 읽고 편집해 주신 카오스북 관계자들 노고에 감사드린다.

차례

머리글 5

제1장 북한 문학의 특성 13

1. 1950년대 북한 사회와 문학 14
2. 북한 문학 연구의 흐름 19
3. 북한의 6·25전쟁 문학 이해 방법 32

제2장 북한의 6·25전쟁 인식 ········· 37

1. 6·25전쟁에 대한 다양한 명칭 ········· 38
2. 북한문학사의 6·25전쟁 인식 ········· 43
3. 1950년대 북한 사회와 문단 ········· 52
   1) 북한의 전시 체제와 문단 … 52
   2) 전후 북한 사회와 문단 … 57

제3장 1950년대 북한 문학의 주제 ········· 67

1. 대중 영웅의 애국심 찬양 ········· 70
2. 당의 영도와 정당함 입증 ········· 81
3. 전쟁의 참상과 반미 의식 고양 ········· 91

제4장 인물 유형 ········· 101

1. 긍정적 인물 유형 ········· 103
   1) 영웅인 북한군인 … 104

2) 삶터를 수호하는 후방 인민 … 113

3) 전쟁 고난 속 강인한 여성들 … 123

2. 부정적 인물 유형 133

1) 침략자 미군 … 133

2) 전쟁터의 한국군 … 144

3) 미군 앞잡이 치안대와 경찰 … 150

3. 특수한 인물 유형 159

1) 낙후한 북한군인 … 160

2) 소극적인 후방 인민 … 166

3) 카멜레온적 변신을 하는 사람들 … 173

4. 인물 형상 부각의 특성과 원인 177

제5장 서사 특성과 서사 전략 187

1. 긍정적 인물 부각 서사 188

1) 긍정적 인물의 성장 모식 … 189

2) 비극을 배제한 영웅의 죽음 … 197

3) 혁명의 전통성에 대한 강조 … 208

2. 사랑이야기 서사 218

1) 혁명 우위 숭고한 사랑 … 218
2) 계급성을 반영한 사랑 … 221
3) 우수함을 돋보이게 하는 사랑 … 227
3. 인물 형상과 주제 돌출을 위한 서사 전략 … 230
1) 다양한 갈등 설정 … 230
2) 상황 교체 서술과 승리의 결말 … 236
3) 행복했던 시절 회고 … 241

제6장 결론 …… 247

제1장

북한 문학의 특성

1. 1950년대 북한 사회와 문학

전쟁은 인류사회에서의 중요한 현상 중의 하나이며 인류에게 영향을 가장 크게 미치고 가장 오래 미치는 객관존재이다.[1] 하지만 전쟁이 무엇인가를 한마디로 정의하기란 그렇게 쉽지 않다. 고전적인 정의에서는 전쟁은 '적'을 굴복시켜 자기의 의지를 강요하기 위해 사용되는 일종의 폭력행위라고 한다. 즉 전쟁은 한 집단의 목적을 추구하기 위하여 다른 외부집단을 향한 조직화된 폭력이 수반된 사회적 행위라는 것이다. 전쟁은 크게 문화적으로 동일한 권역 내의 정치집단들 간에 벌어지는 내전과 상이한 문화적 배경을 지닌 정

1) 陈思广,『战争本体的艺术转化』,巴蜀书社, 2005, 1쪽.

치 집단들 간에 발생하는 외전으로 구별할 수 있다. 1950년 6월25일에 발발하여 1953년 7월27일에 휴전상태로 결속된 6·25전쟁[2)]은 내전의 성격과 외전 또는 국제전의 성격이 한꺼번에 노출된 전쟁이라 할 수 있다.[3)] 특히 6·25전쟁은 동족상잔의 전쟁이라는 점에서 더욱 비참했는데, 이는 전쟁이 일어난 그 시대뿐만 아니라 지금에 이르기까지 사람들에게 주는 충격이 절대적이었기 때문이다. 6·25전쟁은 휴전상태로 통일을 이루지 못하고 마무리된 만큼 여전히 남과 북의 살아있는 문학적 소재로 남아있으며 지금까지 전쟁관련문학작품들이 속출되고 있는 상황이다.

1945년, 일제의 항복과 함께 어렵게 맞이한 8.15해방은 한반도의 사람들에게 무한한 희열을 가져다 주었다. 하지만 그 희열도 잠시뿐 해방 후의 한반도는 서로 다른 이념으로 대립했으며 1948년 38선을 경계선으로 하는 각각 다른 정부가 남과 북에 수립되면서 두 개의 독립된 국가가 설립된다. 두 나라의 변경에서는 무장충돌이 자주 일어났는데 그

2) 6·25전쟁은 전쟁 당사자였던 한국과 북한은 물론 참전국이었던 미국, 중국 등에서 부르는 명칭이 모두 다르다. 명칭이 다른 이유는 이 전쟁에 대한 성격 규정과 관련되는데 이 문제에 대해서는 2장에서 다루기로 한다. 이 책의 2장 이전 서술까지는 한국에서 주로 사용하는 명칭인 '6·25전쟁'으로 기술한다.

3) 표인주, 염미경, 박정석 외, 「상이군인과 유가족의 전쟁경험」,『전쟁과 사람들—아래로부터의 한국전쟁연구』, 한울아카데미, 2003, 171쪽.

충돌은 더 가열되어 1950년 6월 25일에는 동족상잔의 6·25 전쟁이 일어나게 되었다. 이 전쟁은 3년 1개월 동안이나 지속되면서 한반도의 사람들에게 막대한 고통을 가져다 주었다. 이처럼 1950년대는 북한과 한국이 최고의 갈등을 겪었던 시기이고, 또 남북의 분단문학이 시작된 시대라는 데서 중요한 시기라고 할 수 있다. 따라서 1950년대 문학에 대한 연구는 한국과 북한의 문학사에서 중요한 의의를 지니게 된다.

문학은 시대의 산물로서 문학작품 속에는 그 시대의 의미 있었던 사건들과 그 사건들을 겪었던 사람들의 모습이 생생하게 담겨져 있다. 특히 1950년대에 창작된 작품들은 시간적으로 볼 때 전쟁 당시 혹은 아직 전쟁의 여운이 가셔지지 않은 전쟁 직후에 창작되었기에 그 속에는 전쟁의 상황과 그 시대의 사람들의 생활 상황, 정신 면모가 고스란히 담겨져 있다. 이런 소설들에 대한 고찰을 통하여 우리는 그 시대의 사람들의 삶의 모습과 정신 면모를 엿볼 수 있는데 이 또한 매우 의의 있는 작업이라고 할 수 있다.

1950년대는 북한 인민들에게 있어서 고난의 시기이며 시련의 시기이다. 갑자기 일어난 전쟁은 짧으나마 평온했던 5년 동안의 생활을 깨뜨리고 한반도를 전쟁의 도가니 속에 빠지게 한다. 북한 인민들은 이번 전쟁의 당사자로 되어야 했으며 이번 전쟁에 직면해야 했다. 당시 적군이었던 유엔군과 한국군의 역량은 막강했는데 인적이든 물적이든 모두 열세에 처했던 북한 인민들이 이번 전쟁에서 승리하려면 힘을 뭉쳐 용감하게 대응해 나설 것이 필요했다. 이때 무기로서의 문학의 역할이 강조되는데 이 시기의 문학은 혁명의 문학이었고 격려의 문학이라고 할 수 있다.

휴전 상태로 끝난 전쟁은 북한 전역을 초토화했다. 폐허 속에서 일어서는 일 또한 쉽지 않았다. 북한 인민들은 역시 정신상의 격려가 필요하였다.전쟁 시기 무기로서의 문학의 역할은 전후복구건설시기에도 계속된다.

주지하다시피 북한의 문학은 독립변수로 홀로 존재하고 있는 문학이 아니다. 정치, 사회적 맥락 속에 위치하여 항상 그 영향을 받고 있다. 때문에 혹자는 북한의 소설을 단순히 체제유지를 위한 선전물로 간주하여 그 가치를 낮추어 보는 경우도 있으나, 그 이야기 속에 담겨있는 시대와 사회는 부정할 수 없을 것이다. 북한문학의 일차적 목적은 당 사업의 일익으로서 근로자들에 대한 공산주의 교양이라 할 수 있다. 그러나 인민대중에 대한 교화와 교육적 측면을 강조하는 만큼 대중이 소설을 읽지 않는다면 아무런 소용이 없기에 작가들은 문학작품을 창작할 때 대중들의 공감을 얻을 수 있는 실질적인 삶에 충실해야 하였다. 또한 북한의 현대문학사에서 1950년대는 작가들에게 상대적인 '자율성'이 보장되어 있던 시기이기도 하다. 때문에 1950년대의 문학은 정치, 사회와의 관계 속에서 그리고 상대적인 '자율성'이 보장된 환경 속에서 형성되었다고 할 수 있다. 본 논문에서는 당시의 전쟁 과정 속 사람들의 모습이 작품에 어떻게 체현되었고 또 외부적인 요소들은 이런 작품들의 창작에 어떤 영향을 끼쳤는지 밝혀보려고 한다.

2. 북한 문학 연구의 흐름

1950년대의 6·25전쟁 관련 소설은 중요하게 다루어져야 할 사항임에도 불구하고 그 연구는 아직 미비한 상태라고 할 수 있다. 전쟁의 다른 한 쪽이었던 한국에서는 자국의 전쟁 제재의 소설들에 대한 연구가 이미 상당히 많이 진행되었다. 전시문학으로부터 전후문학, 분단문학에 이르기까지 통합적인 연구부터 개별적인 작품 연구에 이르기까지 다양하게 이루어졌다. 하지만 6·25전쟁제재의 북한의 소설에 대한 연구는 많이 부족하다. 그 이유는 한국과 북한은 전쟁 직후부터 서로 단절된 상태로 거의 왕래하지 않으면서 지내왔기에 서로에 대한 관심을 가지려고 하여도 그러한 객관적 조건이 갖추어지지 않았기 때문이다. 다행히 1980년대에 이르러 완전히 경직되었던 두 나라는 공동노력을 거쳐 많은 면에서 완화의 경향을 보이기 시작하였다. 1987년10월19일 이후, 한국에서는 북한문학은 물론 월북, 재북 문인을 학술논문에서 거론할 수 있게 되었고, 1988년 3월31일 이후부터는 일제강점기에 활동했지만 월북한 작가가 쓴 작품의 출판이 가능해졌으며, 1988년 7월19일부터는 이기영, 백인준, 한설야, 조영출, 홍명희 등 5명을 제외하고 나머지 월북 문인의 출판이 허용되었다. 또 1995년4월21일에는 북한소설의 출판은 국가보안법 무죄라는 판례도 나오고, 1996년9월14일, 한국정부는 북한의 저작물도 보호대상이라 규정하였다.[4)] 이렇게1980년대에 한국에서 북한문학에 대한 해금 조치가 내려지면서 두 나라는 차츰 통일의 의향을 보이며 상대방문학에 대한 적극적인 탐구가 시작되고 일부 문학인들이 통일문학사 기술에 적극적으로 참여하게 된다.

해금 이후 북한의 일부 자료들의 복제, 인쇄할 수 있게 되면서 한국에서 북한현대문학 연구가 시작되지만 그것은 극히 제한적이었다. 초기 북한현대문학에 대한 연구는 주로 문학사를 둘러싸고 진행된 상태이며 6·25전쟁제재의 문학작

4) 김윤식, 『내가 살아온 한국 현대문학사』, 문학과지성사, 2009, 44-45쪽.

품에 대한 연구도 문학사를 논술하는 과정에 간략하게 소개했을 따름이다. 비록 북한문학 연구는 객관적으로 많은 제약이 있었지만 한국 학자들은 열정을 가지고 북한의 현대문학을 탐구하였고 일정한 성과도 거두었다.

한국에서 북한현대문학연구에 있어서 북한의 문학사서술에 연구가 집중되면서 여러 권의 북한문학 관련 저서들이 출판되었다. 신형기, 오성호 편『북한문학사』[5]는 항일혁명문학에서 주체문학까지의 북한문학사 자료들을 정리하였고, 김윤식의『북한문학사론』[6]에서는 비평을 중심으로 한 북한문학사를 다루었으며, 김재용의『북한문학의 역사적이해』[7]에서는 북한의 유일사상체계 확립 이전과 이후의 통시적인 고찰을 진행하였다. 하지만 이런 문학사는 보통 통시적인 관점으로 작품에 대한 구체적인 평가나 의미를 밝히기보다는 간략한 소개로 그쳐서 아쉬움이 있다.

이외에 한국에서는 두 나라 문학의 비교연구나 또는 해금된 월북작가의 작품 연구 등에도 많은 연구가 진행되었다. 두 나라의 현대문학의 비교를 통해 그 공통점과 차이점을 밝

5) 신형기, 오성호,『북한문학사』, 평민사, 2001.

6) 김윤식,『북한문학사론』,새미, 1995.

7) 김재용,『북한문학의 역사적 이해』, 문학과 지성사, 1994.

히는 것은 아주 의미 있는 작업이긴 하지만 한국과 북한이 해방이후부터 여러 가지 원인으로 세계관이나 정치적 이념의 대립과 차이가 너무 뚜렷하기 때문에 비교 연구를 진행하면서 문학적 이해를 심화시키거나 이를 바탕으로 하는 평가는 좀 미흡했던 것 같다.

중국에서도 북한의 문학을 연구함에 있어서 문학사서술에 주목되면서 김병민, 허휘훈, 최웅권, 채미화 공저『조선-한국당대문학사』[8]와 김춘선 저『조선-한국당대문학개론』[9]이 출판되었다. 두 책 모두 한국과 북한의 현대문학을 년대에 따라 체계적으로 서술하였는데 비록 두 나라의 문학에 대한 직접적인 비교 연구는 진행하지 않았지만 동일한 시기의 한국과 북한의 문학을 동시에 조명할 수 있으며 또 이는 이후의 통일문학사기술에도 바탕이 될 수 있다고 본다.

북한의 그 자체의 문학사에 대한 서술은 북한에서 비슷한 시기에 간행된 여러 판본의『조선문학사』를 통하여 조명해볼 수 있다. 북한문학사는 당의 문예정책을 기준으로 동일한 작가와 작품이라도 문학사 간행 시기에 따라 그 평가

---

8) 김병민, 허휘훈, 최웅권, 채미화,『조선-한국당대문학사』, 연변대학출판사, 2000.

9) 김춘선,『조선-한국당대문학개론』, 민족출판사, 2002.
김춘선,『조선-한국당대문학개론』(개정판), 민족출판사, 2009.

가 달라지는데 이는 북한문학이 운동으로서의 문학을 지향하는 특성을 보여주기 때문이다. 그럼에도 불구하고 북한문학의 연구자료는 주로 문학사를 통하여 찾아볼 수 있는데 그것은 문학사는 문학작품의 공시적 의미와 통시적인 의미를 확인할 수 있고 당대 발표된 북한문학 작품과 평가의 유일한 방법이기 때문이다.[10] 연구를 위해 구할 수 있던 『조선문학사』는 7개 판본[11]이었는데 이런 문학사들은 비록 문학사 시기구분에서는 일정한 차이를 보이고 있었지만 대체적인 서술 내용은 비슷하다. 북한의 문학사들은 1950년대의 문학을 두 개의 시기로 기술하고 있는데 1950년6월부터 1953년 7월까지의 문학을 '조국해방전쟁시기 문학'이라고 하고 이 후 시기의 문학을 '전후시기의 문학', '전후복구건설 및 사회주의 혁명시기의 문학' 또는 '전후복구 건설과 사회주의 기초건설을 위한 투쟁시기 문학'이라고 하면서 이 시기의 문학에 대하여 높은 평가를 하고 있다. 이외에 1950년대의 문학에

---

10) 홍혜미, 「북한의 전후소설연구」, 창원대학교 박사학위논문, 2003, 11쪽.

11) 1950년대의 문학개관을 알아볼 수 있는 조선의 문학사들로는 아래의 책들이 있다. 안함광, 『조선문학사』, 연변교육출판사, 1956; 『조선문학통사』(하), 과학원출판사, 1959; 『조선문학사(1945~1958)』, 과학백과사전출판사, 1978; 『조선문학사 3』, 김일성종합대학출판사, 1982; 박종원, 류만, 『조선문학개관 2』, 사회과학출판사, 1986; 김선려, 정명옥, 리근실, 『조선문학사11』, 사회과학출판사, 1994; 『조선근대현대문학사 2』(조선문학과용), 김일성종합대학출판사, 1996.

대한 연구를 진행한 북한 저서로는『해방후 10년간의 조선문학』[12), 『해방후 우리 문학』[13), 『전진하는 조선문학』[14) 등을 찾아볼 수 있는데 이런 저서에는 해방 후의 북한문학, 6·25전쟁시기의 북한문학, 전후복구건설시기의 북한문학 등 시기별로 문학을 고찰한 논문이 있는가 하면 아동문학, 시문학, 산문문학, 극문학 등 장르별로 고찰한 논문도 있고 또 사회주의리얼리즘의 수용과 반예술 지상주의, 북한과 소련의 친선사상과 김일성의 교조적 위치 등 주제별로 고찰한 논문도 있다. 이런 저서들에서는 해방 후부터 1950년대 말까지의 문학을 여러 가지 유형으로 분류하여 개괄적인 연구를 진행하면서 이 시기 문학에 대하여 대체적으로 높은 평가를 하고

---

12)『해방후 10년간의 조선문학』, 조선작가동맹출판사, 1955.

이 책은 안함광의「해방후 조선문학의 발전과 조선로동당의 향도적 역할」, 한효의「민주건설시기의 조선문학」, 엄호석의「조국해방전쟁시기의 우리 문학」, 윤세평의「전후복구건설시기의 조선문학」, 김명수의「해방후 아동문학의 발전」, 박종식의「조선문학에 있어서의 쏘베트문학의 영향」등 논문으로 이루어졌다.

13)『해방후 우리 문학』, 조선작가동맹출판사, 1958.

이 책은 윤세평의「해방후 조선문학 개관」, 엄호석의「해방후의 산문 발전의 길」, 김명수의「시대정신의 날개—시문학」, 박태영의「시대와 함께 자란 극문학」, 장형준의「해방후 아동문학의 찬연한 발전로정」, 서만일의「작가와 시대정신」등 논문으로 이루어졌다.

14)『전진하는 조선문학』, 조선작가동맹출판사, 1960.

이 책은 김하명의「조선로동당의 문예정책의 빛나는 승리」, 강능수의「혁명전통과 우리 문학」, 윤세평의「로동계급의 형상과 창조적 로동의 힘」, 리상태의「우리 문학에서의 해방후 농민들의 형상」, 방연승의「조국통일의 주제와 우리 문학의 공민적 빠포스」, 현종호의「해방후 조선문학에 반영된 조쏘친선의 사상」, 엄호석의「조국해방전쟁과 우리 문학」등 논문으로 이루어졌다.

있다.

한국과 중국의 1950년대 북한문학에 대한 연구 상황을 놓고 보면 주로 위에서 언급한 일부 문학사와 저서들에서 한 개 장이나 절을 구분하고 통합적으로 소개한 것이 많다. 그리고 1950년대의 전쟁제재소설에 대하여 본격적인 연구를 진행한 한국과 중국의 학자들로는 김춘선, 이은자, 성동민, 신영덕, 신경득, 홍혜미 등을 들 수 있다.

신영덕과 성동민은 남북한의 전쟁제재소설을 동일한 수평선에 놓고 비교를 진행하여 각자의 특성을 도출하는데 노력하였다.

신영덕의 단행본『전쟁과 소설』[15]은 3부로 나누어졌는데 그중 제1부에서 주로 6·25전쟁이시기에 발표된 한국과 북한의 소설들에 대해 고찰하였다. 이 부분에서는 전쟁시기 한국과 북한의 전쟁제재소설들에서 나타나는 인물 형상을 긍정적인 인물 유형과 부정적인 인물 유형으로 나누고 비교 고찰을 진행하였는데 그 연구대상을 전시에 창작된 단편소설들로만 한정하였다.

성동민의 박사학위논문「남북한 전시소설연구 —스토리

---

15) 신영덕,『전쟁과 소설』, 역락, 2007.

유형을 중심으로」[16]은 전쟁 당시 창작된 한국과 북한의 전시 소설들에 대하여 유형별로 나누어 분석하고 대표적인 작품들의 스토리 양상을 고찰하였다. 북한전시소설의 스토리를 영웅적 전사의 형상화, 후방 인민의 영웅성, 미제의 만행의 폭로와 단죄 세 가지로 분류하고 4편의 단편소설을 중점적으로 다루었는데 전시소설 연구의 필요성에 대한 자세는 긍정적이나 북한전시소설의 스토리를 유형화하기에는 작품에 대한 검토가 부족하고 단면적 연구에 그쳤다는 한계가 있다.

신경득의 「전란초기 조선전쟁영웅소설의 영웅유형」[17]은 전투실화문학 즉 1950년대의 전쟁기에 발행된 세 권의 『영웅들의 전투기』를 텍스트로 하여 1950년6월25일부터 9월 15일까지의 북한의 전쟁제재소설에 드러난 화소를 분석하고 이를 준거로 전쟁영웅유형을 종합분석 하였는데 연구대상을 실화문학에 두고 영웅실기에 대한 세밀한 검토를 진행한 것이 참신하다.

김춘선의 「전시 조선소설에서의 전쟁의 형상화 양상」[18]은 전시 북한 소설에 나타난 전쟁의 형상화양상을 살펴보고

16) 성동민, 「남북한 전시소설 연구 -스토리 유형을 중심으로」, 동국대학교 박사학위논문, 2003.

17) 신경득, 「전란초기 조선전쟁영웅소설의 영웅유형」, 『배달말』24, 1999.

18) 김춘선, 「전시 조선소설에서의 전쟁의 형상화 양상」, 『21세기 중국에서의 한국학 연구의 새로운 지평』, 민족출판사, 2008.

전쟁이라는 비상 시기에 북한의 문학은 어떻게 존재했으며 그것이 당시 조선노동당의 문예정책과는 어떤 관련을 가졌는가를 주목했고, 「조선전시소설에 나타난 여성인물 형상화의 의미」[19]는 전쟁 시기의 여성들의 전쟁 체험이 전시소설에서 어떻게 소설화하고 있는지를 면밀하게 고찰하였다.

이은자의 「북한전시소설에 나타난 여성상 연구」[20]는 북한의 전시소설 중에서 북한여성들의 전투적인 여성상과 폭력에 피해를 입는 여상 형상에 대해 고찰하였고 「북한전시소설에 나타난 외세인식연구」[21]에서 북한의 전시소설에 나타나는 미군 형상과 중국군 형상에 대한 고찰을 통하여 작품 속에 드러나는 친외세, 반외세의 경향에 대하여 알아보았다. 또 「북한전시소설의 주제특성에 대한 연구」[22]에서 북한의 전시소설에 대한 고찰을 통하여 북한의 모든 전시소설은 모두 북한인민의 고상한 애국주의사상을 표현한 것이라는 결론을 내린다.

많은 연구들은 북한의 전쟁제재소설에 대해 주제특성에

19) 김춘선, 「조선 전시소설에 나타난 여성인물 형상화의 의미」, 『세계한국학대회 논문집』, 2008.

20) 이은자, 「북한전시소설의 주제특성에 대한 연구」, 『현대소설연구』12, 한국현대소설학회, 2000.

21) 이은자, 「북한전시소설에 나타난 외세인식연구」, 『국어교육』103, 한국국어교육연구회, 2000.

22) 이은자, 「북한전시소설에 나타난 여성상 연구」, 『한중인문학연구』15, 한중인문학회, 2005.

서 작품 속의 구체적인 인물형상에 이르기까지 비교적 면밀하게 고찰하였다. 그리고 동일한 시기 한국과 북한에서 창작된 작품들에 대한 비교 고찰도 진행하여 그 공통점과 차이점에 대해서도 연구하여 일정한 성과를 거두었다. 하지만 선행 연구자들이 선정한 텍스트는 모두 전쟁 시기에 창작된 단편 소설에 한정되었다. 그 이유는 1950년대 북한 소설의 창작 특징을 볼 때 6·25전쟁시기에 영활하고 기동성이 있는 단편 소설이 많이 창작되었고 중장편소설은 상대적으로 적게 창작되었기 때문이다. 전시문학을 연구하는 학자들이 선정할 수 있는 텍스트에서 단편소설이 주류를 이룰 수밖에 없었던 이유이다. 다만 장편 소설이 포함된 경우도 있는데 전쟁 시기에 창작된 한설야의 『대동강』 제1,2부는 일부 논저에서 이 소설을 연구 대상 텍스트 중의 하나로 선택한다.

전후 시기에 이르러서도 북한의 전쟁제재소설은 많이 창작되는데 당시 항일혁명 주제의 소설, 농업협동화 주제의 소설과 함께 주류를 이루게 된다. 하지만 그 연구 상황을 볼 때 연구자들의 연구대상이 항일혁명 주제의 소설이나 농업협동화 주제의 소설 쪽으로 많이 기울어졌고 전쟁제재소설에 대한 연구는 미비한 상태이다.

전후의 전쟁제재소설에 대한 연구로는 홍혜미의 박사학

위논문 「북한의 전후소설연구」[23]가 비교적 주목된다. 이 논문은 새로운 사회 건설과 부르주아 잔재 청산, 조국해방과 애국주의, 항일혁명투쟁과 전통의 확립 세 부분으로 나누어 전후 북한의 사회상과 문예 정책에 이바지한 세 가지 유형의 소설작품들을 고찰하였다. 그 대표적인 작품으로 윤세중의 『시련속에서』, 황건의 『개마고원』, 한설야의 『설봉산』을 들고 그와 비슷한 소설 작품들도 약간씩 언급하였는데 1950년대 전후의 소설작품들을 문예 정책과 연관시켜 세밀하게 고찰한 성과는 긍정할 만하나 작품에 대한 검토가 부족하고 단편적인 분석이라는 데서 아쉬움이 있다.

김한식의 「남북한 전후 소설의 대비적 고찰」[24]은 작품 속에 표현되는 전쟁과 개인 사이의 관계에 대하여 조명하였는데 한국의 전후 문학을 부정과 원심의 문학으로 개괄되며 소설들에서 비극을 맞는 개인상이 많이 부각되는 반면, 북한의 전후 문학은 긍정과 구심의 문학으로 개괄되며 소설들에서 비극이 배제된 영웅형상들이 많이 출현하였다고 하였다.

이외에 개별적인 6·25전쟁제재 소설에 대한 연구도 조금씩 진행되었다. 3부작으로 된 한설야의 『대동강』은 독립적

---

23) 홍혜미, 「북한의 전후 소설 연구」, 창원대학교 박사학위논문, 2003.

24) 김남식, 「남북한 전후 소설의 대비적 고찰」, 『국어국문학』116, 1996.

인 작품에 대한 연구보다도 한국의 염상섭의 『취우』를 동일한 분석 대상으로 놓고 비교연구로 진행되었다. 두 소설은 모두 전시에 씌어졌고 두 작가 모두 당시의 북한과 한국의 문학사에서 중요한 위치를 차지하고 있으며 두 작품 모두 적치하 3개월 동안에 평양과 서울시민들의 삶을 묘사한 것이라는 공통점과 전쟁과 삶을 바라보는 방식의 차이점에서 비교 가능성을 찾고 연구를 진행한 것이다. 김윤식[25)]은 6·25전쟁에 대한 두 작가의 서로 다른 현실인식이 작품에서 어떻게 다루어지고 있으며 그러한 특징이 그들이 선택한 사회체제와는 어떤 연관성을 가지는지를 해명하였고 안미영[26)]은 작중인물을 주축으로 서울과 평양의 공간적 특성을 살펴보았으며 김춘선[27)]은 작품 속에 나타난 현실, 그리고 문학적 대응 양상에 대하여 고찰하였다.

그리고 오태호, 김승종이 황건의 『개마고원』에 대하여 다룬 연구가 있는데 오태호[28)]는 1950년대 북한의 문학사적

---

25) 김윤식, 『한국 현대 현실주의 소설 연구』, 문학과지성사, 1990.

26) 안미영, 「1950년대 한국전쟁 배경 소설에 나타난 '서울'과 '평양'」, 『개신어문연구』제20집.

27) 김춘선, 「염상섭의 '취우'와 한설야의 '대동강'비교」, 『현대문학의 연구』38, 한국문학연구학회, 2009.

28) 오태호, 「'개마고원'에 나타난 인물형상의 경직성과 유연성연구」, 『비교문화연구』 제13권 제2호, 2009.

특징을 개괄하고 소설 중의 인물 형상의 유연성과 경직성에 대하여 고찰하여 북한문학의 유연한 내면을 탐색하였고 김승종[29]은 작품을 전반부와 후반부로 나누어 비교적 상세한 작품 분석을 진행하였다.

이외에 홍혜미[30]가 박웅걸의『조국』을 전후의 문예 정책과 결부시키면서 그것이 어떻게 작품에 형상화 되었는가를 인물형상분석을 통해 고찰하였다.

이상 살펴본 바와 같이 1950년대 북한의 전쟁제재소설에 대한 연구는 비록 많이 진행되었지만 대부분이 전쟁 시기에 창작된 전시의 단편소설에 대한 연구이고 전후에 창작된 6·25전쟁제재 소설들에 대한 연구는 상대적으로 적다. 그리고 개별적인 작품에 대한 연구도 매우 적은데 다만『대동강』,『개마고원』,『조국』등에 대한 작품 연구가 약간 진행되었을 뿐이다. 그 외의 작품들은 북한문학사와 기타 저서들에서 줄거리 소개 정도로 간단하게 언급되었을 뿐 아직 구체적으로 연구되지 않은 상태이며 더욱이 그것을 통합적으로 다룬 연구는 많이 부족하다.

---

29) 김승종,『황건의 '개마고원'론』

30) 홍혜미,「전후 북한의 문예정책과 형상화문제-박웅걸의 '조국'을 중심으로」,『현대소설연구』 28.

3. 북한의 6·25전쟁 문학 이해 방법

1950년대초에 전쟁을 겪었기에 1950년대는 전쟁에 대한 생생한 기억이 남아있으며 전쟁제재소설의 창작이 제일 활발했던 시기이기도 하다. 이후로도 북한에서는 전쟁제재소설들이 계속 창작되기는 하였지만 양적인 측면에서는 많지 않은 편이다. 전쟁시기 혹은 그 직후에 창작된 작품들은 전의를 고취하고 북한인민들의 전후복구건설의 열의를 돋우고자 하는 강한 목적성에 의해 의식적으로 창작되었고 그 중에는 전쟁 당시의 실제적인 모습을 그려내고 있는 작품들도 많다. 특히 중장편소설은 다룰 수 있는 사건과 분량이 많은 만큼 소재로 삼을 수 있는 내용이 많다. 또한 많은 소설들은 작가들이 시간적 여유를 가지고 실제 있었던 전투를 소재로 하여 창작하였기에 전쟁의 진실한 모습들이 단편소설보다 많이 담겨 있으리라고 판단된다. 이 연구가 1950년대에 창작된 6·25전쟁제재 중장편소설 11편을 대상으로 삼은 이유이다.

문학연구는 작품이 창작되었던 시대를 살았던 사람들의 인식을 살펴보는 것이기 때문에 텍스트의 확정은 중요한 요소이다. 김재용에 의하면 1967년 이전에 발표된 북한의 문학작품들은 1978년 북한에서 편집 간행된 『조선단편집』에 실리면서 거의 예외 없이 개작되었다고 한다.[31] 비록 이는 단편소설에 한정된 말이나 중장편 소설 또한 그런 개작 양상이 존재할 수 있음을 알려준다. 북한문학을 연구하면서 대상 텍스트 확정의 어려움을 설명하는 말이다. 따라서 연구 대상 텍스트 선정은 구독할 수 있는 범위 내에서 1950년대에 출판한 작품들을 대상으로 하였다.

본 논문의 텍스트 중에서 대부분은 아직 심도있게 연구되지 않은 소설들이다. 특히 윤시철의 『향토』는 북한문학사에 제목만 간단히 제시되었을 뿐 작품 내용에 대한 소개조차 없으며 이 소설에 대한 연구는 더욱 찾아볼 수 없다. 때문에

31) 김재용, 『북한문학의 역사적 이해』, 문학과지성사, 1994, 14-15쪽 참조.

아직 심화 연구가 이루어지지 않았거나, 최초 연구라 할 수 있는 소설을 텍스트로 선정함으로써 기존 1950년대 6·25전쟁제재 소설연구의 부족한 측면을 보완하는 작업이 될 것이라 생각한다.

르네 웰렉과 오스틴 워렌은 문학연구를 '외재적 접근'과 '내재적 연구'로 나누면서 『문학의 이론』[32]에서 상세한 설명을 하였다. 그들은 문학의 배경, 그것의 환경 등을 문학의 외재적인 인소로 보면서 문학의 '외재적 접근'은 문학작품이 창작된 사회 배경과 그것의 선례로 문학을 해석하는 것이라고 하였다. 즉 작품이 창작된 당시의 역사의 현장 속에 들어가 문학을 연구하는 연구방법이다. 이런 연구방법에 대하여 그들은 "모든 역사, 모든 환경적인 요인들이 하나의 예술작품을 형성한다고 논의될 수 있다.", "문학이 생산된 환경들에 대한 적절한 지식이 문학에 많은 조명을 비추어 온 것을 아무도 부정할 수 없으며 그러한 연구의 해석적인 가치는 의심할 여지가 없다. 그렇지만 인과의 연구가 문학예술작품과 같은 대상에 대한 묘사, 분석, 평가의 문제들을 결코 해결해 줄 수 없다는 것은 분명하다."고 하였다.[33] 때문에 문학작품

32) 르네 웰렉, 오스틴 워렌 저, 이경수 역, 『문학의 이론』, 문예출판사, 2010.

33) 르네 웰렉, 오스틴 워렌 저, 이경수 역, 『문학의 이론』, 문예출판사, 2010, 99쪽.

에 대한 '내재적 연구'는 더욱 중요하고 필요하게 되었다. 그것은 "문학 연구에 있어서의 작업의 자연스럽고 타당한 출발점은 문학작품들 자체에 대한 해석과 분석이다. 결국 작품들 자체만이 작가의 생애, 그의 사회적 환경과 문학의 전반적 과정 등에 대한 우리의 모든 관심을 정당화시켜 주"[34]기 때문이다. 본 논문에서는 르네 웰렉과 오스틴 워렌의 이런 문학이론 연구방법을 바탕으로 하여 1950년대 북한의 6·25전쟁제재 중장편 소설에 대한 연구를 진행해보기로 한다.

먼저 예비적인 고찰로 전쟁제재소설의 주요한 요소인 '6·25전쟁'의 개관과 당시 북한인민들의 이 전쟁에 대한 인식에 대해 간단히 고찰해본다. 실제적인 전쟁의 발발과 진행 상황은 전쟁 소설의 이해에 도움을 줄 것이다. 전쟁에 대한 인식은 소설의 주제에 직접적인 영향을 끼치기 때문이다. 그리고 소설이 창작된 1950년대의 사회상황과 문단 상황 등 작품에 영향을 끼치는 외재적인 요소들을 분석한다.

이러한 외재적 요소보다 더 중요한 것은 1950년대 북한의 6·25전쟁 제재 중장편 소설에 대한 내재적 연구이다. 작품들의 주제 특성, 인물 형상, 서사 특성과 서사 전략 등에 대해 분석한다. 먼저1950년대 북한의 전쟁 제재의 소설들이

34) 르네 웰렉, 오스틴 워렌 저, 이경수 역, 『문학의 이론』, 문예출판사, 2010, 199쪽.

공동으로 체현하고 있는 주제를 세 개 부분으로 나누어 살펴본다. 다음 단계로 작품 속의 인물 형상을 분석한다. 이 부분은 이 연구의 핵심이다. 북한의 현대문학은 인물형상화를 통하여 주제를 나타내고 인물들의 관계를 통하여 혁명적 과업을 수행하는 과정이 전개되며 아울러 인민들을 교양하는 효과를 얻기 때문에 인물 형상화의 문제는 중요한 요소이다. 다음으로 작품의 서사 특성과 서사 전략에 대해 분석함으로써 작품의 서사에서 공동으로 나타나는 특성과 주제와 인물 형상을 드러내기 위하여 작품에서 취한 서사 전략에 대해 분석한다.

제2장

북한의 6·25전쟁 인식

1. 6·25전쟁에 대한 다양한 명칭

1950년6월25일에 한반도에서 일어났던 전쟁은 이미 65년 가까운 세월이 흘렀다. 이 전쟁은 전쟁 자체가 복잡한 성격을 띠고 있는 만큼 그 명칭도 다양하게 불러져 왔다. 북한은 이 전쟁을 '조국해방전쟁' 혹은 '정의의 민족해방전쟁'이라고 부르고, 중국은 '조선전쟁' 혹은 '항미원조전쟁'이라고 부르며, 일본은 '조선전쟁'이라고 부른다. 미국과 러시아를 포함한 서구에서는 '한국전쟁(Korean War)' 등으로 부르고 있다. 한국의 경우 교과서 상의 변화로 볼 때 1950~60년대는 '6·25동란', 1970년대 중반에는 '6·25사변', 1980년대 후반에는 '6·25남침', 그리고 1990년대에는 '6·25전쟁'으로 표기했다. 한국의 정부 각 부서에서도 서로 다른 명칭을 사용하고 있다. 한국의 국방부, 외교부는 '한국전쟁', 교육부는 '6·25전쟁', 그리고 통일부, 행정안전부, 국가보훈부는 '6·25사변'이라 부른다. 정부 기관은 아니지만 퇴역 군인 단체인 재향군인회는 '6·25자유수호전쟁'이라 부른다.[1] 동일한 전쟁을 두고 이렇게 다른 명칭을 갖게 된 것은 국가마다 자국의 입장이 반영된 결과라고 할 수 있다.

이 전쟁 명칭을 한국과 북한의 관점에서 분류하면 한국이 '6·25사변', '6·25동란' 혹은 '6·25전쟁' 등으로 부르는데 반해 북한은 '조국해방전쟁', '정의의 민족해방전쟁'이라고 부름을 알 수 있다. 한국이 소련의 지원을 받은 조선공산당이 1950년6월25일 불법 '남침'하여 민족 전체를 고통에 빠뜨린 사건이었다고 보는 반면 북한은 이 전쟁이 유엔군을 격퇴하고 통일을 이루기 위한 전쟁이었다고 보기 때문이다. 이번 전쟁에 대한 용어에 관하여 일부 전쟁관련 연구자들도 서로 다른 견해를 밝히고 있는데 나름대로의 근거에 입각한 주장을 펼치고 있다.

박명림[2]은 많은 경우에 대립적인 견해가 있는 특정사

1) 서용선, 「각국의 입장에 따라 다른 역사적 명칭과 쟁점」, 『자유공론』6, 2002 , 30-31쪽.

2) 박명림, 「한국전쟁, 6·25용어 사용과 기억 방식에 관한 단상」, 『역사비평』, 2006, 321-328쪽

건에 대한 역사인식에 대한 귀결은 개념과 용어의 명명으로 귀착된다고 하면서 사태, 항쟁, 반란, 폭동, 운동, 혁명, 의거 가운데 어느 것으로 호명되고 이해하느냐에 따라 한 사건의 성격에 대한 사후적 이해는 판이해진다고 하였다. 그러면서 그는 이번 전쟁에 대하여 '6·25'라는 용어를 사용하지 말자고 주장하는데 이런 주장을 하게 된 원인을 세 가지로 말하고 있다. 첫째는 사건 발생일을 기준 삼아 단일한 의제로 역사를 이해하는 방식에 대한 문제제기이고, 둘째는 '6·25'라는 명명 자체가 담고 있는 이념성과 공격성 때문이며, 셋째는 사실 날조를 포함해 심각한 역사왜곡을 일삼는 북한에 대한 문제제기를 상정했기 때문이라고 한다. 또한 전쟁의 시작을 기념하는 경우가 거의 없으며 게다가 민족 내부의 참혹한 동족상잔을 나머지 절반을 공격하고 증오하기 위한 방편으로 삼아 편의적으로 불러 내온다는 것은 전형적인 과거지향적인 기억 방식이며 '6·25'라는 사건 자체에서 한 발자국도 벗어나지 못했음을 반증하는 것이기 때문이라고 하였다.

김동춘[3] 역시 북한에서 칭하는 '조국해방전쟁'이라는 용어는 정치적 입장이 노골적으로 드러난 용어이기 때문

참조.

3) 김동춘, 『전쟁과 사회』, 돌베개, 2006, 65-66쪽.

에 적절치 않고 '6·25'라는 용어는 전쟁의 전체상과 핵심을 묵살하고 오직 한쪽 측면, 즉 발발의 측면만 부각시킨 정치적 용어이므로 역시 부적절하다고 밝히고 있다. 외국의 모든 공식 문서나 학술논문에서는 이 전쟁을 '한국전쟁(Korean War)'이라 부르고 있는데 전쟁 당사자인 남북 코리안의 관점에서 보면 그것은 전쟁을 타자화시키는 용어이기 때문에 다소 거부감이 든다고 밝히고 있다.

전쟁의 호칭뿐만 아니라 전쟁에서 상대방 군대에 대한 명칭도 서로 달리 사용되고 있다. 전쟁 당시 한국은 한국군은 국군, 북한군은 빨갱이 혹은 괴뢰군, 미국군은 미군, 중국군은 중공군이라는 호칭을 사용하였고, 북한은 한국군은 국방군 혹은 괴뢰군, 북한군은 조선인민군, 미국군은 미군, 중국군은 중국인민지원군이라는 호칭을 사용하였다. 당시 한국과 북한은 적대적인 관계였으므로 서로 상대방의 군대를 비하하여 외세의 꼭두각시라는 의미가 포함된 '괴뢰군'이라고 불렀다. 하지만 2000년 6월 15일 평양에서 열린 남북정상회담의 결과로 남북관계는 대립국면에서 상대적인 화해의 국면으로 바뀌면서 북한에 대한 인식도 예전과 다른 호혜적인 양상이 나타난다. 이런 상황은 시사적 용어에서도 많은 변화를 초래했는데 과거 북한의 정규군에 대해 빨갱이, 괴뢰군 등으로 명명하던 것을 2000년 6월 30일자로 한국 국방부는 '북한군'이라는 공식 호칭을 사용하기로 발표한 바 있다. 비록 정부시책으로 여러가지 호칭이 이미 바뀌어 졌지만 현재의 상황에서 과거의 문학을 연구할 때 무엇보다도 중요한 것은 텍스트에 충실하려는 태도일 것이다. 그러므로 이 책은 인용하는 문헌의 원문 용어를 그대로 사용할 것이지만 분석 서술 시에는 객관적인 입장을 취하는 차원에서 한국군, 북한군, 미군, 중국군이라고 나라이름을 따서 호칭한다. 이 책의 바탕을 이루는 논문에서는 중국이 사용하고 있는 '조선전쟁'이라는 용어를 사용하였다. 중국에서 논문을 발표했기에 이 전쟁에 대한 중국 측 명칭인 '조선전쟁'을 사용했다. 한국인에게 '조선전쟁'이라는 명칭은 낯설다. 그렇기에 이 책에서는 한국인에게 익숙한 '6·25전쟁'이라는 명칭을 사용한다. 이 책에서 사용하는 '6·25전쟁'이란 명칭은 논지 전개를 위한 용어의 통일일 뿐, 전쟁 성격을 규정하는 용어로 사용하지 않았음을 밝힌다.

2. 북한문학사의 6·25전쟁 인식

1945년8월15일, 일본의 무조건 항복 선언과 더불어 한반도에 해방이 찾아왔지만 그 기쁨도 이내 미국과 소련이 북위 38선을 경계로 남쪽은 미국이 북쪽은 소련이 분할 점령함에 따라 사라졌다. 이 상황은 미국과 소련의 지지 하에 1948년8월15일 한반도 38선 이남에서 대한민국정부의 정식 출범, 9월9일에 38선 이북에서 조선민주주의인민공화국이 수립되는 것으로 이어졌다. 38선을 경계로 한 남과 북에 두 개의 분단 정부가 세워지면서 좌우간의 대립은 국가간의 대립으로 비화되었으며 대립의 강도나 규모도 점점 커져갔다.[4)]

4) 김호웅, 정문권, 김관웅,『북한문화와 문학의 역사적 이해』, 창과현, 2004,38쪽.

대한민국과 조선민주주의공화국은 서로 상대방을 한반도의 이북 혹은 이남에 자리하고 있는 괴뢰정권으로 간주하면서 '북진통일'과 '국토완정'의 통일정책을 갖고 있었다. 그런 상황에서 북한은 1947년 소련군에게38선의 경비를 인계 받았고, 한국은 1949년1월에 미군한테서 38선의 경비를 인계 받았다. 이때부터 남과 북은 38선을 중심으로 무력충돌을 일으키기 시작하였다. 소규모적인 충돌이 계속되다가 끝내는 최대규모의 충돌인 6·25전쟁으로 이어진다. 1950년6월25일 새벽, 옹진반도에서 처음으로 시작된 6·25전쟁은 곧바로 동부전선으로 확대되었고 급기야 38선 전역으로 확대되었다.

6·25전쟁 발발 기원에 대하여 한국은 북한에서 먼저 침범하였다는 남침설을 북한은 남한에서 먼저 침범하였다는 북침설을 주장하고 있다. 양국 모두 서로 다른 입장을 갖고 있으며 학계 또한 서로 다른 의견이 존재하고 있다. 문학작품을 담론하는 이 연구에서는 정치적 문제에 귀속된 전쟁의 발발 원인에 대해서는 다루지 않는다. 다만 전쟁에 대한 인식이 당시 작가들의 작품 창작에 직접적인 영향을 끼치고 있기 때문에 북한 사람들이 이 전쟁을 어떻게 인식하고 있는가에 대해서는 북한에서 간행한 공개출판물에 대한 고찰을 통하여 간단히 알아보기로 한다.

북한은 1950년6월25일 새벽, 38선 이남에서 먼저 무력 침공을 했다는 북침설을 주장하고 있다. 북한의 역사책에 적혀있는 내용을 간단히 인용해보기로 한다.

> 미제와 이승만정권은 조국의 자주적 평화통일을 실현하기 위한 공화국정부의 합리적인 방안들을 거부하고 1950년6월25일 끝내 조선민주주의인민공화국을 반대하는 침략전쟁을 일으켰다. 국방군은 이날 새벽 38선전역에서 침공을 개시하여 해주, 금천, 철원 일대에서는 북반부 영역에 1~2키로미터까지 쳐들어왔다. 전선서부에서는 수도사단 17연대가 태탄, 벽성 방향으로 침입하였고 제1보병사단은 개성부근에서 3개 방향으로 진격해 왔으며 제7보병사단은 연천지역으로 침략을 개시하였다. 전선동부에서는 6보병사단이 화천, 양구방향으로 진격하여 왔고 동해안의 8보병사단은 3개 방향에서 양양을 향하여 침공하여 왔다. …중략… 미제와 그 주구들의 무력침공을 반대하는 조선인민의 정의의 전쟁은 조국의 자유와 독립을 수호하기 위한 민족해방전쟁이었으며 인민민주주의제도를 전복하려는 인민의 원수들을 반대하는 계급투쟁이었다. 동시에 그것은 미제의 새 세계대전 도발책동을 분쇄하고 사회주의

나라들의 안전과 세계평화를 수호하기 위한 전쟁이었다.[5)]

북한인민들에게 이 전쟁은 남한이 북침함으로써 일어난 것이었다. 때문에 그들은 정의를 위하여 일어서야만 했다. 북한은 이 전쟁을 '조국해방전쟁' 혹은 '정의의 민족해방전쟁'이라고 부르고 있는데 전쟁에 대한 호칭 자체가 이미 북한인민들에게 공동으로 인식된 이 전쟁의 속성을 잘 말해주고 있다. 그것인 즉 이 전쟁은 미군을 위주로 한 유엔군의 침략을 물리치고 조국을 해방시키기 위한 정의로운 전쟁이라는 것이다. 전쟁에 대한 이런 인식은 전쟁이 일어난 당시뿐만 아니라 몇 십년이 지난 오늘날에 이르기까지 변하지 않고 있다. 북한에서 공식적으로 편찬한 『조선문학사』의 정리를 통하여 그것을 알 수 있다.

> 조국의 평화적 통일에 대한 전체 조선 인민의 한결같은 지향과 조선 로동당과 공화국 정부의 시종 일관한 성의 있는 노력에도 불구하고 미제와 그의 주구 리 승만 매국 도당들은 1950년 6월25일 드디여 우리 나라와 우리 인민을 반대하는 무력 침공을 개시하였다. 미제는 세계 제패를 야

5) 김한길, 『현대조선역사』, 일송정, 1988, 272쪽.

망하면서 그의 일환으로 드디여 리 승만 매국 도당을 사촉하여 38선 전역에 걸쳐 전면적 무력 침공을 개시하였다.[6)]

(『조선문학통사』, 1959년)

미제국주의자들과 그 앞잡이들의 무력침공으로 말미암아 우리 인민앞에는 자기의 손에 주권을 틀어쥔 자유로운 인민으로 남느냐 아니면 또다시 제국주의자들의 식민지 노예로 되느냐 하는 준엄한 시련의 시기가 닥쳐왔다. 일제의 식민지기반에서 해방된지 5년밖에 안되는 우리 인민이 세계제패를 꿈꾸며 발톱까지 무장한 미제침략자들과 그를 괴수로 하는 세계반동의 련합세력을 타승한다는 것은 실로 힘겨운 일이 아닐수 없었다.[7)]

(『조선문학사(1945~1958)』, 1978년)

오래전부터 침략전쟁준비를 다그쳐온 미제국주의자들과 그 앞잡이들은 1950년 6월25일 우리 공화국을 반대하는 불의의 무력침공을 감행하였다. …중략… 미제와 그 앞잡이들의 무력침공을 반대하는 조선인민의 전쟁은 조국

---

6) 『조선문학통사』(하), 과학원출판사, 1959, 212쪽.

7) 『조선문학사(1945~1958)』, 과학백과사전출판사, 1978, 141쪽.

의 자유독립과 민족의 자주권을 수호하고 남조선인민들을 미제의 식민지통치기반에서 해방하기 위한 정의의 조국해방전쟁, 민족해방전쟁이였으며 인민의 원쑤들을 반대하는 준엄한 계급투쟁인 동시에 미제를 비롯한 세계반동의 련합세력을 물리치고 사회주의나라들의 안전과 세계평화를 수호하기 위한 성스러운 투쟁이였다.[8)]

(『조선문학개관2』, 1986년)

미제침략자들과 그 앞잡이들의 무력침공을 반대하는 지난 조국해방전쟁은 조국의 자유와 독립과 민족의 자주권을 수호하기 위한 정의의 전쟁이였으며 인민의 원쑤들을 반대하고 세계의 평화를 수호하기 위한 준엄한 반제반미투쟁이였다.[9)]

(『조선문학사 11』, 1994년)

북한에서 출판한 조선문학사들을 보면 모두 6·25전쟁을 '미제침략자들과 그 앞잡이들의 무력침공을 반대'하는 조국해방의 정의로운 전쟁으로 정의하고 있다. 전쟁이 끝난 지

---

8) 『조선문학개관 2』, 사회과학출판사, 1986, 139쪽.

9) 김선려, 정명옥, 리근실, 『조선문학사 11』, 사회과학출판사, 1994, 5쪽.

얼마 지나지 않았던 50,60년대뿐만 아니라 80, 90년대를 지나서 지금까지도 그 인식은 변하지 않고 있다. 따라서 북한 인민들의 이런 전쟁 인식은 문학작품 속에도 고스란히 담겨서 표현된다. 문학작품 속에 표현된 전쟁에 대한 인식을 본 논문의 텍스트 가운데서 찾아보면 다음과 같다.

황건의 『개마고원』[10]에서 면당위원장인 김경석은 한 민청원한테서 전쟁이 일어났다는 소식을 듣는다.

> 그때였다. 금박 넘어 오는 길인듯 신흥리의 한 민청원이 얼굴에 땀이 흠뻑 적어 경석이 앞에 다가오더니 분주소장이 주더라고 하며 종이 쪽지를 내여 밀었다. 쪽지에는 군당에서 전화가 왔는데 급히 넘어와야겠다는 사연이 씌여 있었다. 민청원의 말에 의하면 자세히는 듣지 못했으나 오늘 새벽 다섯시부터 三八선 전역에 걸쳐 "국군"놈들이 불의에 침입해 온 것을 우리 경비대원들이 전반적으로 격퇴했을 뿐만 아니라 섬멸적 타격을 주면서 계속 추격 중에 있다는 것이였다.
>
> (『개마고원』, 239쪽)

10) 황건, 『개마고원』, 조선작가동맹출판사, 1958. 본 논문에서는 조선작가동맹출판사에서 펴낸 이 책을 텍스트로 삼는다. 이하 인용부터 쪽수만 표기한다.

한효의 『서울사람들』[11]은 북한 군인들이 서울을 수복한 희열을 다음과 같이 표현하고 있다.

> 1950년6월28일, 영웅적 인민 군대는 이 도시에서 주인노릇을 하던 미국놈들과 인민의 고혈을 짜내던 리승만역적들을 쫓아냈다. 여러 세기에 걸쳐 봉건 귀족들과 일본 사무라이들과 미국 날강도들에 의한 온갖 추악과 오욕의 터전이였던 이 도시는 력사에서 처음 그 추악과 오욕으로부터 해방되였다. 그날부터 서울의 하늘은 유난히 맑았고 또 진주처럼 빛났다.
>
> (『서울사람들』, 6쪽)

윤시철의 『향토』[12]에서 여맹위원인 임연순은 해방 전 징용에 뽑혀 이남 어느 곳의 탄광으로 끌려간 남편 송창수를 생각하며 조분옥한테 이번 전쟁의 속성을 더욱 구체적으로 말하고 있다.

---

11) 한효, 『서울사람들』, 조선작가동맹출판사, 1956. 본 논문에서는 조선작가동맹출판사에서 펴낸 이 책을 텍스트로 삼는다. 이하 인용부터 쪽수만 표기한다.

12) 윤시철, 『향토』, 조선작가동맹출판사, 1959. 본 논문에서는 조선작가동맹출판사에서 펴낸 이 책을 텍스트로 삼는다. 이하 인용부터 쪽수만 표기한다.

"분옥이 들어봐요. 미국놈들은 조선을 영영 빼앗기 위한 수단으로 '국군'을 앞장에 내세워 가지고 우리 동족끼리 싸우게 하고 있지. 지주들, 자본가들, 일본놈 개질하던 무리들이야 자기네 세상을 도로 찾으려고 미국놈 앞에 나서는 것을 마다하지 않고 우리 사회를 반대하지만 개중엔 무고하게 끌려 나온 놈인 로동자의 자식들도 있지 않겠어. 놈들은 남반부에 사는 젊은이란 젊은이는 다 끌어 내여 총을 메우거던. 그러니 그이가 만일 살아 있어두 온전하게 있으리라구 어떻게 바라겠어!"

(『향토』, 22쪽)

유엔군의 침략을 물리치고 조국을 해방하기 위한 정의적인 전쟁을 위하여 북한인민들은 일어서야 했고 전쟁의 승리를 위해서 전쟁의 대의와 정당성을 선전하고 인민들의 애국심을 고양시켜야 했다. 당시 북한인민들의 전쟁에 대한 이런 인식은 문학작품의 창작에도 큰 영향을 주었다. 이는 문학작품의 주제를 결정하고 작품 속에 등장하는 인물들의 성격을 결정하는데 직접적인 영향을 주었다.

3. 1950년대 북한 사회와 문단

1) 북한의 전시 체제와 문단

전쟁이 발발하자 김일성은 전체 인민들에게 '모든 사업을 전시체제로 개편하면서 북한군인들의 모든 수요를 보장하여 후방을 공고히 할 것과 남반부 인민들이 빨치산투쟁을 광범하게 전개하여 놈들의 후방을 교란하며 북한군인들의 진공을 적극 지지하여 활동할 것'을 호소하였다. 이와 동시에 '인민군대 장병들과 남녀 빨치산들에게 구체적인 전투 과업을 제시하였으며 전체 인민들은 최후의 승리를 위하여 자기들의 전투적 과업에 최대의 애국적 헌신성을 영웅적으로

발휘하라'고 호소하였다.[13)]

김일성의 이런 호소에 호응하여 북한문단에서는 신속하게 종군작가단을 결성하였는데 전쟁이 일어난 이튿날인 6월26일, 1차 종군작가단이 파견되었다. 6월 27일에는 2차 종군문인들이 평양을 떠나 전선으로 향했다. 전쟁기간 모두 100여 명의 문인들이 종군작가로 전선에 참여했는데 그중 소설가는 김사량, 황건, 박웅걸, 윤세중, 윤시철, 유항림, 이북명, 김영석, 박태원 등이 있었다. 그리고 종군작가들 못지않게 후방에서 활약한 문인들로는 천세봉, 이기영, 한설야, 최명익 등의 소설가들이 있었고 엄흥섭, 이용악 등 작가들은 월북하여 북한의 전시 문학활동에 가담하기도 하였다.[14)] 종군한 작가들은 각 부대에 배속되어 전투장면들을 직접 눈으로 보고 체험하였다. 그들은 전쟁의 목격자이자 체험자로서 북한군인들의 전투와 행군, 전선생활에서의 여러 가지 장면들을 생생하게 기록하였는데 종군작가들의 이런 경험은 그들의 전후의 문학창작에도 많은 영향을 끼쳤다.

문학 창작의 정황을 놓고 볼 때 전쟁 초기에 활발하게 창작된 것은 정론이었다. 정론들은 북한인민이 진행하고 있

13) 안함광, 『조선문학사』, 연변교육출판사, 1956, 475쪽.

14) 김호웅, 정문권, 김관웅, 『북한문화와 문학의 역사적 이해』, 창과현, 2004, 105-106쪽 참조.

는 이 전쟁이 정의의 전쟁이라는 것을 열렬히 주장하였으며 이 투쟁에 궐기한 북한군인들과 북한인민들의 영웅성을 선전하는 한편 유엔군의 침략 목적을 폭로하고 적들에 대한 적개심과 북한인민의 승리의 신심을 고취하였다. 이와 동시에 전선에 동원된 작가들로부터 전선 오체르크(종군 실화)가 창작되기 시작하였다. 오체르크는 북한군인들의 모습을 감동적이고도 격조 높은 필치로 적어 북한인민들에게 보여줌으로써 북한인민들을 애국주의사상으로 교양하였고 또한 앞으로 창작할 문학예술작품들의 산 재료들을 축적하였다. 이를 이어서 소설, 영웅전투실기 등이 나오기 시작하였는데 이런 문학작품들은 모두 북한인민들의 전투 의식을 고무하는데 이바지하였다.

전시의 문학을 보면 평화 시기의 문학과 구별되는 일련의 특징들이 있는데 그것은 문학의 형태 면에서 보면 서정시, 단편소설, 실화 문학, 단막 희곡 등과 같은 전쟁 현실에 맞는 영민하게 활동하는 기동적 문학 양식의 작품들이 많이 창작되었다. 전쟁기간에는 서사 스케일이 크고, 전쟁의 전모를 드러내는 장편 형식의 작품들은 많이 창작되지 않았다. 따라서 찾아볼 수 있는 작품들도 상대적으로 적을 수밖에 없다. 전쟁 제재의 중장편 소설은 한효의 『서울사람들』, 천세봉의 『싸우는 마을사람들』, 황건의 『행복』, 한설야의 『대동강』제 1,2부가 있다. 전투적인 단편형식을 통해 인민들을 전쟁 승리로 고무선동하는 임무에 작가들이 주목하고 있었던 만큼 그 누구도 여유를 갖고 전쟁의 전모를 다루는 장편 형식의 작품 창작에 매달릴 겨를은 없었던 것으로 볼 수 있다. 이런 사정이 장편 형식의 작품들을 창작할 과업을 전후로 넘기게 하였다.

6·25전쟁의 발생은 문학의 장르에 직접적인 영향을 주었을 뿐만 아니라 6·25전쟁의 발전단계에 따라 작품의 서술 대상도 따라 변하게 했다. 6·25전쟁은 만 3년 1개월이라는 짧지 않은 시간을 지속되면서 대체로 5개 단계[15]에 걸쳐 진행되었다. 전쟁의 제1단계에는 북한군인들이 승리를 거듭

---

15) 1950년6월25일부터 9월초순까지는 조선군의 전면적 공세단계인데 서울은 3일만에 함락되고 조선군은 전쟁이 시작한지 한달 반 남짓한 기간에 한국의 남쪽 끝인 낙동강까지 신속하게 밀고 내려갔다. 1950년9월중순부터 11월 중순까지는 유엔군의 공세 단계인데 전쟁이 일어나자마자 UN안전보장이사회는 유엔지상군의 파견을 결정했고 9월 초순에 이르러 대대적인 반격전을 시작했으며 9월15일에는 세계전사에서도 유명한 인천상륙작전을 감행하였다. 그리하여 남쪽으로 밀고 나가던 조선군의 허리가 잘리면서 전후방의 연락, 지휘체계가 무너졌다. 1950년11월말부터 1951년1월까지는 조선군과 중국군의 합동공세 단계인데 유엔군의 거세찬 공세에 조선군은 빠른 속도로 후퇴하게 되면서 중국에 구원을 요청하게 된다. 조선과 순망치한의 관계였던 중국에서는 어렵게 참전을 결정하고 압록강을 넘어 전투에 참가하게 되는데 이로써 전쟁의 양상이 다시 새롭게 변화하기 시작하였다. 그리하여 1951년 2월부터 5월까지는 전선이 교착되고 휴전을 모색하는 단계에 진입하게 되었으며 1951년6월부터 1953년7월27일까지는 휴전 협상과 소모전 그리고 휴전 단계가 되었다.(김호웅, 정문권, 김관웅,『북한문화와 문학의 역사적 이해』, 창과현, 2004, 87-94쪽 참조.)

하면서 남쪽으로 돌진해나갔기 때문에 그들의 영웅적인 면모를 보여주고 적개심을 토로하는 작품들이 많이 창작되었다. 제2단계에 이르러 유엔군의 대규모적인 인천상륙작전으로 북한군인들이 후퇴를 하게 되고 북한의 후방에 유엔군과 한국군이 많이 들어오게 된다. 제3.4.5단계에 이르면 전선이 교착상태에 빠지고 전쟁 양상이 복잡해지면서 후방인민들도 부득불 전투에 참여하게 되면서 적들과 투쟁을 하게 된다. 본 연구의 분석 대상 텍스트 중에는 이 시기를 배경으로 한 소설들이 많은데 한효의 『서울사람들』, 한설야의 『대동강』, 천세봉의 『싸우는 마을사람들』, 박웅걸의 『조국』, 윤시철의 『향토』 등 소설은 모두 북한군인들의 후퇴 시기 후방인민들이 후방에 침입한 적들과 용감히 싸우는 모습을 그린 소설들이다.

3년 남짓한 전쟁 기간에 비해 볼 때 북한군인들의 후퇴시기는 시간적으로 극히 적은 비중을 차지한다고 할 수 있다. 그러나 이 시기를 배경으로 한 소설 작품들 특히 중장편소설들이 많이 창작된 이유를 『조선문학사』는 '북한인민들에게 있어서 이 시기가 전쟁기간 중에서도 가장 혹독하게 어렵고 힘든 시련의 시기였고, 해방 후 자기 운명의 주인이자 나라의 주인으로 된 북한인민의 사상정신적 면모와 북한에 수

립된 인민민주주의제도의 우월성이 가장 뚜렷하게 드러난 시기였기 때문'이라고 밝히고 있다.[16)]

2) 전후 북한 사회와 문단

휴전협정이 체결된 후 북한에서는 초토화된 현실 앞에서 전후복구 건설운동이 일어났다. 전쟁 시기의《모든 것을 전쟁의 승리를 위하여!》라는 구호도《모든 것을 민주기지 강화를 위한 전후인민경제복구발전에로!》라는 구호로 바뀐다.[17)] 정전과 함께 북한에서는 1953년8월5일에 당중앙위원회 제6차 전원회의를 열어 복구 건설과 사회주의경제 건설의 방향 등을 토의하고 결정했다. 회의에서 김일성은 "금번 당 중앙위원회 제6차 전원회의의 기본과업은 우리 조국의 혁명적 원천지—민주기지를 공고히 하며 강화하기 위하여 전쟁으로 인하여 파괴된 인민경제를 복구하며 발전시키는데 있으며, 그리하여 조국의 평화적 통일을 위한 물질적 경제적 토대를 튼튼히 구축하기 위한 투쟁에로 전 당과 전체 인민들

---

16)『조선근대현대문학사 2』(조선문학과용), 김일성종합대학출판사, 1996, 88쪽.

17)『조선문학통사』, 과학원출판사, 1959, 270쪽.

을 궐기시키는 데 있다."[18]고 하였다.

전후, 비록 정전이 되었지만 북한인민들의 고단한 나날은 계속되었다. 전후 북한의 복구 건설은 주로 인간의 노동력에 의해 무에서 유를 창조하는 고통스러운 과정이었다. 전쟁의 폐허 위에서 다시 일어서기 위해 날마다 복구 건설에 동원되어야 했고 사상교양과 학습 및 조직생활에 참가해야만 하였다. 당시 북한에서는 인민들의 창조적 열의와 자발성을 불러일으키는 것이 중요한 과제로 대두되었는데 이 상황에서 작가들이 중요한 한 몫을 담당하게 되었다. 그들은 조선노동당의 기치를 높이 받들고 적극적인 문학 활동을 벌였는데 전쟁 시기의 '무기로서의 문학'의 기능을 전후복구건설 시기에도 계속 발휘하게 하였다. 당시 북한문단은 이기영, 한설야, 최명익 등 구세대 작가들과 천세봉, 윤세중 등의 신세대 작가들이 작품 활동을 하고 있었고, 이외에도 신인작가들이 많이 배출되었다. 1954년 북한은 작가학원을 창설하고 정책적으로 새로운 인재들을 양성하는데 관심을 보이면서 그들의 발표지면으로 기존의 『조선문학』(1953년 10월 창간) 외에 『청년문학』이 따로 간행된다. 신인 작가들은 창작 의욕

18) 윤세평, 「전후복구건설시기의 조선문학」, 『해방후 10년간의 조선문학』, 조선작가동맹출판사, 1955, 275쪽.

이 왕성하고 다양한 제재로 생활의 진실을 반영하면서 전후 문학의 내용은 한층 다양하고 풍부한 결과를 얻게 되었다.[19] 이렇게 신구 세대 작가들과 신인작가들의 작품 활동으로 북한에서는 해방기에 비하여 보다 다양한 작품들이 많이 창작되었다.

전후의 사회상황에 맞추어 북한은 1953년9월26일부터 27일에 걸쳐 전국작가예술가대회를 열었는데 이 대회에서 전후에 제기된 과업들을 신중히 토의하고 경제복구건설에 작가예술가들이 적극 동참할 것과 '사회주의 사실주의'에 대한 새로운 논의를 진행하면서 새로운 창작 임무를 결정하였다.

> 첫째 전체 작가 예술가들은 우리 조국의 국토 완정, 통일 독립의 강력한 담보로 되는 전후 인민경제복구발전을 위하여 우리 나라의 공업화를 위하여 자기의 창조적 재능과 정력을 다 바칠 것이다. 그리하여 로동계급의 가장 선진적 인물의 전형을 창조할 것이며 경제건설투쟁에 궐기한 전체 인민들의 승리에 대한 신심을 더욱 강고케 할 것이며

---

19) 윤세평, 「전후복구건설시기의 조선문학」, 『해방후 10년간의 조선문학』, 조선작가동맹출판사, 1955, 290-291쪽 참조.

> 전쟁승리를 위하여 우리 인민들이 발휘한 애국주의와 대중적영웅주의를 건설투쟁의 승리에로 계속 앙양시키도록 할 것이다.
>
> 둘째 전체 작가예술가들은 현실의 거대한 전변 속에 대담하게 들어가 로동계급의 실지 생활을 체득할 것이며 그들에게서 배움과 동시에 그들을 교양하며 로력 혁신자들의 위훈을 생동한 형상을 통하여 전체 인민들에게 보여주며 우리의 청소년들로 하여금 로력을 사랑하며 로동 속에서 기쁨을 느끼는 고상한 도덕성으로 교양할 것이다.[20]

이 대회에서 결정된 문예정책은 두 가지 측면에 중점을 두었다. 하나는 인물 형상화의 문제로 경제적인 발전에 힘쓰는 노동계급의 전형적인 인물을 창조하거나 전쟁의 승리를 위한 인민들의 애국주의, 대중적 영웅주의를 고취시키는 인물을 부각하는 것이다. 그것은 폐허가 된 사회를 복구건설하기 위해서는 전장에서 지녔던 그런 애국심과 영웅주의정신으로 충만한 새로운 사회건설에 앞장서는 선진적인 인물들이 필요했기 때문이다.

---

20) 윤세평,「전후 복구 건설 시기의 조선문학」,『해방후 10년간의 조선문학』, 조선작가동맹출판사, 1955, 280쪽.

다른 하나는 창작방법상의 문제로 작가예술가들이 직접 실제적인 체험을 바탕으로 작품을 창작해야 한다는 방법론을 제시한 것이다. 당시의 작가들은 호언장담과 허장성세로 혁명적 구호들이 작품을 혁명적으로 만든다는 인식에서 주인공들을 이상화하여 인물을 판에 박은 것처럼 유형화, 규격화 하여 비개성적[21)]인 것으로 만들었는데 이는 독자들에게 아무런 감동을 줄 수 없었던 것이다. 이러한 문제의 해결책으로 작가들이 실생활 속으로 들어가서 실제 체험에 기초한 사실주의적 작품을 형상화함으로써 그 폐단을 극복하는 창작 방법이 모색되었던 것이다. 북한의 이런 문예정책 아래 북한문단에서 실제 체험과 실제 사실에 기초한 문학작품들이 많이 창작되는데 6·25전쟁 제재의 소설들도 실제적 사실을 근거로 소설화한 작품들이 많이 나타난다. 이 연구의 대상 텍스트 중에서 김영석의 『젊은 용사들』은 1951년 가을, 1211고지의 채수진 부대 소속 권혁창 소대의 전투를 소재로 한 것이고 리춘진의 『고지의 영웅들』도 실제의 사실을 취재하여 소설화한 것이다. 윤시철의 『향토』 역시 작가가 오랜 시간 동안 현지 취재를 거쳐 창작하였는데 이 작품의 머리말에

21) 김명수, 「우리문학의 형상성 제고를 위하여」, 『조선문학』, 1954 ; 이선영,김병민,김재용 편, 『현대문학비평자료집 3 (이북편)』, 태학사. 1993, 171쪽 재인용. 이하 이 자료집에 대한 인용은 권수와 쪽수만 표시한다.

는 이렇게 씌어져 있다.

> 나는 소설의 원형이라 할 수 있는 첫 부분을 1955년에 발표했다. 소설이 발표되었을 당시 적지 않은 독자들로부터 의견을 제기해 왔다. 어랑 전투의 참가자들인 이들은 소설의 부족점을 말하면서 자기들이 체험한 사실들을 적어 보내기도 하였다. 그후 4년의 세월이 지났다. 나는 이 기간에 여러 번 소설의 개작에 착수했다. 길주와 어랑 지역을 다시 답사하고 부대들을 찾아 가서 보다 더 완전한 재료들을 수집하려고 애썼다. 이 과정을 통하여 나는 이미 발표한 소설의 구상을 고쳐야 하며 더 구체적인 사실들을 알아야 할 필요성을 느끼게 되었다. …중략… 이 소설에 등장하는 적지 않은 인물들이 실제에 있었고 지금도 있는 인물에 근거하였고 그들의 체험도 실지에 있은 사실에 근거한 것은 바로 이 때문이다.
>
> (『향토』, 1쪽)

이외에 황건, 김영석, 박웅걸, 윤시철 등 작가들은 종군작가로 전장에서 활약했던 체험이 있었는데 그들 역시 자기들의 실제 체험을 바탕으로 소설을 창작했던 것이라 볼 수 있다.

한편 이 대회에서 논의된 '사회주의적 사실주의'는 전후복구 건설이라는 힘든 과제를 수행하는 사상적 무기의 역할뿐만 아니라 '남로당계열의 수정주의적 경향과 반동적 부르주아사상의 잔재를 청산'하기 위한 투쟁으로 연결되었다. 1953년 북한에서 임화, 김남천 등 남로당계열의 문인들에 대한 숙청이 일어났는데 그들이 창작한 작품들은 퇴폐적이고 암담한 부르주아의 사상을 갖고 있다는 비판을 받는다. 이는 1947년의 '응향사건'[22]에 이은 부르주아 문학에 대한 비판이었는데 이들 사건을 통해 문학의 정치주의적인 흐름은 완연하게 나타났고 작가들은 당의 눈치를 살필 수밖에 없었다. 당연히 당의 노선에 위배되는 작품의 창작은 어려웠고 긍정적 전형을 통한 고상한 현실을 제시하는데 주력했다.

그러나 전후 1950년대 문학계는 획기적 변화의 움직임이 감지되는데 그것은 바로 도식주의 극복에 대한 논쟁이다. 기실 이는 당시 북한의 국내적 상황보다는 국외, 즉 소련의 변화와 그 맥을 함께 한다. 주지하다시피 해방 후의 북한은

22) '응향사건'은 조선 최초의 필화사건인데 1946년말 문예총 원산지부에서 『응향』이라는 시집을 펴낸 것이 발단이었다. 이 시집은 유명, 무명의 시인의 작품을 모아 엮었는데 1947년 초에 북한의 모든 신문에서 『응향』에 대한 규탄서가 발표되었고 『응향』에 실린 작품들 중 구상의 시가 사상성의 의심을 살만한 작품으로 지목되면서 시발되었다.

각 방면에서 자기들에게 해방을 가져다 준 소련을 본보기로 삼았는데 문학방면에서도 소련 문학의 영향을 많이 받았다. 1952년 4월, 소련의 문학잡지 『프라우다』를 통해 이전 소련 문학에서의 무갈등론에 대한 비판이 시작되었고 1952년 말에는 소련공산당중앙위원회 제19차 당대회 연설에서 말렌코프가 문학예술의 현실 비판적 경향에 대해 강조하였다. 말렌코프의 연설문은 1953년2월 『조선문학』의 머리말에 실렸고 소련의 도식주의 비판의 움직임은 북한의 문학계에 큰 파장을 일으켰다. 무갈등론은 도식주의를 대표하는 것으로 간주되었고 이에 대한 비판은 문학비평계의 큰 화두로 등장하였다. 대부분의 비평가들은 도식주의를 극복해야 한다는 큰 흐름에 동의하는 분위기였고 극복 방법에 대한 다양한 의견 개진[23)]이 있었다. 이어 1956년 10월에 열린 제2차 북한작가대회에서는 전후 북한문학의 형태를 정리하고 도식주의, 기록주의, 무갈등론 등이 비판되면서 현장성과 생동감이 사실주의의 핵심임을 제기하였다.[24)] 이는 작가들의 작품 창작에

23) 그 주요 논쟁은 엄호석, 김명수, 안함광 사이에서 일어났는데 구체적인 내용은 엄호석의 「사회주의리얼리즘과 우리문학」, 김명수의 「우리문학의 형상성 제고를 위하여」, 안함광의 「소설문학의 발전상과 전형화의 몇 가지 문제」등 논문을 통해 알 수 있다.

24) 오태호, 「'개마고원'에 나타난 인물 형상의 유연성과 경직성 연구」,『비교문화연구』 제13권 제2호, 201쪽.

상대적인 '자율성'을 보장하게 하는 것이었다.

북한문단에서 진행된 도식주의에 대한 비판은 비록 비평분야에서 나오기 시작했지만 창작으로 이어지면서 결실을 맺었다고 할 수 있다. 비평의 논의에 힘입어 작가들은 눈치를 보며 무난한 작품만을 쓰던 과거의 관행을 지양하고 대담하게 현실을 그리기 시작하였다.[25] 그리하여 이 시기의 작품은 이전 시기에 비해 많은 진전을 보여준다.

25) 김재용,『분단구조와 북한문학』, 소명출판, 2000, 56쪽.

제3장

1950년대 북한 문학의 주제

시대에 따라 발생한 특정한 사건은 그 시대적 특성에 맞는 문학을 탄생하게 한다. 1950년대 북한은 전쟁과 함께 새 시대를 시작하였다. 따라서 그 시대는 전쟁관련 문학 창작이 주류를 이루었다고 할 수 있다. 전쟁시기 사람들에게 필요한 것은 두려움 없이 전쟁을 직면하고 임하는 용감한 정신이다. 이런 시대정신의 요구에 맞게 북한의 전쟁제재 소설에는 전쟁시기 북한 군인과 인민대중들이 용감무쌍하게 싸우는 이야기가 소설의 주요 내용이 되고, 이들의 애국주의를 선양하고 그들의 영웅성을 찬양하는 것이 소설의 중심사상이 된다. 전후복구건설시기에 들어서면서부터 북한에서는 당의 위상이 강조되면서 당 일꾼들의 모습이 소설에 많이 형상화된다.

6·25전쟁 제재의 소설들에서도 전쟁시기 인민들을 지휘하여 고난을 극복하던 당 일꾼들의 모습이 많이 그려지면서 당 영도력의 정확성이 강조된다. 이외에 소설에서는 전쟁으로 조성된 참상을 적나라하게 보여주면서 적군이 저지른 만행을 무자비하게 폭로한다. 이는 작품에서 적군에 대한 치솟는 적개심을 보여주어 반미 의식을 강조하게 되는데 이 또한 6·25 전쟁 제재 소설의 중요한 주제라고 할 수 있다.

본 장에서는 1950년대에 창작된 6·25전쟁 제재 소설들의 주제 특성을 세 가지로 나누고 소설들의 스토리 양상과 표현 양상을 살펴보기로 한다.

1. 대중 영웅의 애국심 찬양

전쟁을 치르는 국가에서 가장 필요한 것은 인민들의 애국심이다. 애국심은 인민들로 하여금 조국을 위하여 조국을 해방시키는 전쟁에 적극적으로 임하게 할 것이고 전장에서 영웅적인 정신을 발휘하여 최종의 승리를 이룩하게 할 수 있기 때문이다. 당시 북한의 평론가였던 엄호석은 전쟁시기 작품에서 애국심 고취의 중요성을 다음과 같이 말하였다.

> 애국주의 사상은 우리 작가들에게 있어서 그들을 한 목적으로 불러일으킨 사상적 무기로 되며 인민들의 사상 도덕적 유일성과 단결성을 창조하기 위한 문학의 근본주제

로 될 뿐만 아니라 그들의 창작에 고상한 인민성과 예술성을 부여하며 활기와 이념을 띄게 하는 창조적 영감의 원천으로 된다.[1)]

따라서 애국심에 기초한 대중영웅들을 찬양하는 것 즉 당시 북한에서 추구하는 대중적 영웅주의는 이 시기 문학에서 제일 주된 주제로 나서게 된다. 대중적 영웅주의란 "영웅이란 어떤 전설적인 비범한 인간을 의미하는 것이 아니라, 어젯날의 노동자, 농민, 사무원, 학생들 또는 이들의 자제이므로, 이들의 풍부한 감성과 인간성, 그들이 갖고 있는 사상과 신심 그대로를 묘사한다면 오늘날의 우리 공화국의 영웅들이 될 것"이라는 김일성의 '교시'내용 중의 하나이다.

기실 전쟁초기부터 김일성의 '교시'는 여러 차례[2)]에 걸쳐 이루어졌는데 그의 "'교시'는 당시 당의 문예정책으로 기능하여 전시의 창작 실천에 절대적인 영향력을 과시했다.[3)]

1) 엄호석, 「조국해방전쟁시기의 우리 문학」, 『인민』, 1952, 『현대문학비평자료집2 (이북편)』, 190쪽 재인용.

2) 김일성의 교시는 여러 차례에 걸쳐 이루어졌는데 1950년6월26일 전체 조선 인민들에게 호소한 방송 연설, 1950년 12월24일 작가, 예술인, 학자들과의 접견석상에서 행한 연설, 1951년 6월30일에 중견작가들과의 접견석상에서 행한 연설, 1951년12월12일 베를린 세계청년학생축전에 참가하였던 문화예술인들과의 접견석상에서 행한 교시 등을 들 수 있다.

3) 김춘선, 「전시 조선소설에서의 전쟁의 형상화 양상」, 『21세기 중국에서의 한국학 연구의 새로운 지평』, 민족출판사, 2008, 417쪽.

1951년 6월30일, 김일성이 중견작가들과의 접견석상에서 준 《전체 작가 예술가들에게》라는 '교시'는 작가들에게 기본적인 임무를 부여한다.

> 우리 작가 예술가들은 인간 정신의 기사로서 자기들의 작품에 우리 인민이 가지고 있는 숭고한 애국심과 견결한 투지와 종국적인 승리를 위한 철석같은 결의와 신심을 가장 뚜렷하게 표현할 뿐만 아니라 자기들의 작품이 싸우는 우리 인민들의 수중에서 가장 강력하고도 예리한 무기가 되게 하며 전체 인민을 최후의 승리에로 고무 추동시켜야 할 것입니다.[4)]

김일성의 '교시'는 당시의 작가들에게 창작 방향을 제시해주었는데 애국심을 기초로 한 대중 영웅에 대한 찬양은 당시의 긴박한 상황에서 '무기로서의 문학'이 취해야 했던 주된 방향이 되었다. 또한 앞장에서 살펴본 1953년에 열린 전국작가예술가대회에서도 작가들의 창작 임무가 제시되면서 작품 속에 애국주의와 대중적 영웅주의를 고취할 것이 호소되었던 것이다.

---

4)『김일성선집3』, 조선로동당출판사, 1953, 238쪽.

이런 문예 정책의 지도에 힘입어 1950년대의 6·25전쟁 제재 소설에서는 대체로 최전방에서 피를 흘리며 싸우는 북한군인들의 전투이야기와 후방에서 불요불굴의 투지로 적군들에 대항하는 후방인민들의 이야기를 통하여 애국심으로 충만된 대중영웅들을 찬양하였다.

김영석의 『젊은 용사들』, 리춘진의 『고지의 영웅들』, 윤세중의 『도성소대장과 그의 전우들』 등은 모두 최전방의 북한군인들이 전투에서 헌신적으로 싸우는 모습을 잘 보여주었다.

『젊은 용사들』[5]은 1951년 가을, 1211고지의 채수진부대 소속 권혁창 소대의 전투를 소재로 소설화한 작품이다. 당시 1211고지는 전투에서 아주 중요한 전략지점인바 북한은 만약 이 고지를 빼았기면 적들이 일거에 쌍두령을 넘고 매봉과 매봉령을 지나 1.208,9고지로 해서 북으로 치오를 수 있었다. 때문에 미군과 한국군은 이 고지를 점령하려고 결사적인 공세를 벌렸는데 포 사격과 항공 화력이 끊일줄 몰랐다. 전투의 가열성을 작자는 다음과 같이 묘사하고 있다. "1211고지는 벌써 해발 1211메타 높이의 산이 아니였

5) 김영석, 『젊은 용사들』, 조선작가동맹출판사, 1954. 이 책은 조선작가동맹출판사에서 펴낸 책을 텍스트로 삼는다. 이하 인용은 쪽수만 표기한다.

다. 1211고지도 무명고지도 몇 메타씩 낮아졌고 수목 하나 없는 스산한 메뿌리로 변해버렸다.” (『젊은 용사들』, 78쪽) 쌍방의 교전은 갈수록 치열해지고 고지의 상황도 갈수록 어려워졌다. 하지만 권혁창부대의 대원들은 용감한 투쟁정신으로 1211고지를 18일간이나 사수한다. 장비가 낙후하고 무기가 적은 북한군인들은 수시로 죽음의 위협을 받는다. 게다가 고지에는 물까지 모자라서 병사들의 곤란한 상황은 더욱 커진다. 전투 중의 고지에서는 불행한 일들도 연이어 일어나는데 부대의 정치부중대장, 중대장 등 지휘부들은 모두 부상을 당하여 호송된다. 더군다나 전략상의 문제로 그들은 고군분투하게 되지만 소대장 권혁창과 그의 전우들은 신심을 잃지 않고 결사적으로 싸운다. 그들의 용감함은 끝내 전투의 승리를 가져오게 된다는 이야기이다.

『고지의 영웅들』[6]도 적들의 완강한 공격과 포위를 무릅쓰고 피로써 802고지를 사수한 북한군인들의 영웅성과 위훈을 묘사한 소설이다. 소설에서 802고지는 사단의 작전상 매우 중요한 전략적 의의를 가진 만큼 적군에세 내어줄 수 없는 곳으로 나온다. 이 고지를 사수할 임무를 맡은 안철민 중

6) 리춘진, 「고지의 영웅들」, 『리춘진소설집』, 조선작가동맹출판사, 1960. 이 책은 조선작가동맹출판사에서 펴낸 책을 텍스트로 삼는다. 이하 인용은 쪽수만 표기한다.

대장과 황덕수 정치부중대장을 비롯한 북한군인들의 활동은 적극적으로 전개된다. 하지만 선진적인 무기 장비를 갖추고 있고 인원이 충족된 미군과 한국군의 맹렬한 공격에 북한군인들은 감당하기 어려웠다. 그리하여 많은 인원의 희생을 초래되었고 결국 고지에는 7명의 병사밖에 남지 않는다. 전투는 북한군인들에게 아주 불리하였지만 그렇다고 고지를 내놓을 수도 없는 형편이었다. 고지를 빼앗기면 전반적인 큰 전세에 영향을 주기 때문이다. 때문에 고지에 남은 북한군인들은 죽음을 각오하고 결사적으로 싸운다. 그러던 그들은 마침내 사단의 총공격을 기다리게 되고 고지의 사수에 성공하게 된다.

이처럼 두 작품은 모두 북한군인들이 전략요지를 끝까지 완강하게 지켜낸 전투 현장의 이야기를 형상화 하였는데 그들이 조국의 강산을 지켜내기 위하여 어려운 처지에도 굴하지 않고 고도의 영웅성을 발휘하여 용감히 싸워나가는 모습은 비장함을 보여준다. 그들이 이렇게 전투에서 생사를 불문하고 용감하게 싸울 수 있었던 것은 조국에 대한 불타는 사랑이 있었기 때문이라 할 수 있다.

이외에도 『도성소대장과 그의 전우들』[7]에서는 전투에서

7) 윤세중, 『도성소대장과 그의 전우들』, 조선작가동맹출판사, 1955. 이 책에서는 조선작가동맹

용감하게 싸우는 전사들의 모습을 그렸을 뿐만 아니라 그들의 일상생활중의 활기찬 모습도 그려 북한군인들의 다양한 모습을 보여주었다. 남쪽 바다를 눈앞에 두고 후퇴길에 오르는 전사들은 모두 의기소침해 하며 전투의지를 잃게 되는데 이때 그들은 소대장인 김도성의 교도 하에 다시금 힘을 얻고 조국해방의 임무를 잘 수행하기 위하여 열심히 훈련에 몰두한다. 각 방면에서 모두 훌륭하게 연마된 도성소대의 전사들은 전장에서 언제나 용감하게 싸우고 부대에서 맡겨진 임무가 아무리 곤란할지라도 충실하게 완성한다. 전투에서 제일 어렵고 제일 위험한 곳이면 언제나 도성소대원들의 모습이 보이는데 그들은 지혜와 용감함으로 모든 위험한 고비를 넘기고 계속되는 전투를 훌륭히 진행하여 공도 많이 세운다. 그들이 모든 면에서 훌륭하게 행동할 수 있었던 것은 조국을 사랑하는 불타는 마음을 가지고 있었기 때문이며 조국의 해방을 위하여 생명까지 바치려는 각오를 하였기 때문인 것으로 귀결된다.

전쟁의 제2단계에 이르러 유엔군의 대규모적인 인천상륙작전으로 북한군인들은 후퇴의 시기에 들어서고 인천에서 상륙한 유엔군은 북진하여 북한의 많은 지역을 점령하게 된

출판사에서 펴낸 이 책을 텍스트로 삼는다. 이하 이 책의 인용문은 쪽수만 표기한다.

다. 북한에 진주한 그들은 각종 악행을 벌리는데 이때 북한의 후방인민들은 두려움에 떨고만 있는 것이 아니라 적군들과 용감히 맞서 싸우는데 그들의 이런 용감한 모습을 형상화한 소설은 1950년대 전쟁제재소설에서 가장 많은 비중을 차지한다.

한효의 『서울사람들』[8)]은 유엔군의 인천상륙작전으로 전세가 역전되면서 북한군인들이 후퇴할 때가 되면서 서울을 사수하고 북한군인들과 인민들의 안전한 후퇴를 보장하기 위하여 서울사람들이 함께 일어나서 적극적으로 전쟁에 대응하는 모습을 그렸다.

> 용감한 로동자들과 녀맹원들과 청년 근위대원들이 한 사람처럼 거리로 나왔었다. 거리로 나온 건 또한 로동자들과 청년근위대원들과 녀맹원들뿐만이 아니었다. 생전 삽이라곤 손에 만져 보지도 못한 도시 녀성들, 공원에서 참새처럼 조잘대던 어린이들, 학원에서 글 배우던 학생들, 극장에서 노래 부르고 춤추던 배우들과 가수들, 교회에서 기도를 올린던 종교인들- 이 모든 사람들이 밤거리에서 파도처럼 욱실거리였다. 그들은 구태여 전선형편에 대해서 이야기들

---

8) 당시 평론가였던 한효의 이 소설 작품은 서정성이 비교적 강하게 드러난다.

을 하지 않았다. 사랑하는 수도의 운명에 대해서도 구구한 소리들을 주고 받지 않았다. 묵묵히 모래와 자갈을 파고 이여나르고 쌓아 올리고 하였다. 그 얼굴들에는 한결같이 굳센 뜻이- 원쑤의 공격을 정지시키고 서울을 사수하리라는 견결한 의지가 번득이고 있었다.

(『서울사람들』, 5쪽)

인용문에서 볼 수 있는 바와 같이 서울사람들은 한결같이 기운차게 일어나서 자기들의 집을 보위하고 북한군인들에게 후퇴 길을 보장해준다. 그중 소설에서는 서대문구당역 특별방위대원들과 서울의 제사공장 노동자들이 방위대를 조직하여 생명을 내걸고 서울을 2주일간이나 방위하는 투쟁 모습을 비교적 상세하게 그렸는데 여기서 평범한 시민들이 자기들의 삶의 정원이 파괴되었을 때 용감하게 나서는 모습을 그리고 있다.

윤시철의 『향토』는 6·25전쟁 시기 유엔군이 함북 어랑계선까지 쳐들어왔을 때 낙동강까지 밀고 나갔던 김상민 대대가 반격한 역사적인 사실을 배경으로 남편 송을석을 전선에 보낸 조분옥을 포함한 어랑천의 주민들이 소년, 노인 구분할 것없이 북한군인들을 원조하고 후방에서 활동을 전개하는 사실을 묘사했다. 아울러 전선에 나간 송을석, 김상민, 안혁 등 북한군인들의 영웅적인 모습도 보여준다. 이 소설에서 특히 돋보이는 것은 조분옥을 비롯한 여맹원들의 활약상인데 그들은 후퇴 길에 들어선 북한군인들에게 밥을 지어주고 부상 입은 북한군인들을 돌보며 군수물자를 날라다 주는 등 그들이 할 수 있는 모든 일들을 열성껏 해나간다. 그들은 자기들의 가족은 뒷전으로 하고 전투의 승리를 위하여 최선을 다하는데 그 과정에 자식을 잃은 여성들도 있고 자기의 목숨을 바치는 여성들도 있다.

이외에 한설야의 『대동강』은 미군과 한국군이 평양을 점령한 약 3개월 동안 평양인쇄공장의 점순, 상락 등을 비롯한 평양시의 보통청년들이 후방에서 방해공작을 하며 그들과 용감하게 대항해 싸우는 과정을 세밀하게 묘사하였고 천세봉의 『싸우는 마을사람들』은 마을에 들어온 미군과 한국군의 잔혹한 행위에 굴복하지 않고 용감하게 대항하는 개안마을 사람들의 이야기를 형상화하였다.

이러한 작품들은 모두 조국 해방을 위한 전쟁에서 두려움없이 결사적으로 싸우는 북한의 대중영웅들의 이야기를 다루고 있다. 최전방을 배경으로 한 소설에서는 전략적인 요지를 지키기 위하여 북한군인들이 결사적으로 싸우는 모습을 보여주고, 후방을 배경으로 한 소설에서는 지극히 평범하기만 하던 후방 인민들이 조국이 수난을 당하게 되자 평소와 달리 잠재해 있던 완강한 기질을 드러내며 전쟁에 대응하는 모습을 보여준다. 이런 이야기들은 당시 전쟁의 고난 속에서 방황하고 있는 북한인민들에게 본보기를 보여줌으로써 그들도 용감하게 떨쳐 일어나 싸울 것을 호소하는 작용을 하였다. 하지만 이런 작품에서는 많은 인물들이 소설의 주인공으로 등장하여 영웅적인 정신을 발휘하는 것으로 나타난다. 즉 한두 명의 주인공이 아니라 집체적인 영웅상을 그리기 위하여 많은 인물들이 등장한다. 따라서 작품의 구성이 긴밀하지 못하며 영웅들을 열거하는 식으로 서술하는 폐단이 초래된다. 예를 들면『고지의 영웅들』에서는 고지에서 싸우고 있는 모든 전사들의 영웅적인 면을 다 보여주려고 하였기에 주된 주인공이 없이 싸우는 전사들 모두가 주인공으로 나타난다. 따라서 소설의 이야기도 한 개의 주요 이야기에 따라 발전하는 것이 아니라 여러 개의 영웅이야기가 나열되어 서술되기에 구성이 긴밀하지 못한 느낌을 준다. 이는 당시 대중 영웅을 극구 찬양하려는 지나친 목적의식에 의해 초래된 것으로 볼 수 있다.

2. 당의 영도와 정당함 입증

6·25전쟁의 가열차고 처절했던 시간에 북한문단은 대중적 영웅주의의 고취를 핵심으로 평범한 인민들의 영웅적 형상을 부각하는데 공력을 많이 들였다. 이는 당시 전시상황에서 전체 인민들이 힘차게 일어나서 용감하게 싸워나갈 것을 호소하는데 힘을 쏟았기 때문이다. 하지만 정전이 된 후 북한에서 복구 건설의 시기에 들어서면서 전체 인민들이 당의 영도 하에 힘을 합쳐 곤란을 극복해나갈 것이 요구되었다. 전후 복구 건설에 인민들의 대대적인 동원을 위해서는 사상적 통일이 필요하였다. 이때 전시에 '무기로서의 문학'의 역할을 하던 북한문학은 그 교화의 기능을 전후에도 계속

행사하게 된다. 그리하여 많은 문학작품에서는 당의 영도의 정확성을 강조하고 당원들의 작용을 강조하게 된다.

당시 북한의 문학평론가들도 대중들의 영웅 정신을 고취하는 전시문학이 거둔 성과들을 높이 평가하면서 당의 향도적 조직적 역할을 묘사함에 있어서 당이 사상과 의지와 행동의 통일적 조직체임을 미약하게 형상화 하였다고 지적한다.

김강은 「최근 문학평론에서 나타난 몇 가지 결함들과 그의 당면과업」에서 "실제 우리 인민생활 전체 분야에서 특히 오늘날 인민경제건설분야에서 우리 당 일꾼들과 당원, 당적 인간들은 당 중앙의 노선과 정책에 따라 각계 각층 인민대중을 묶어가며 이끌고 용감하게 나아가며 그들의 선두에 서서 우리 인민 앞에 제기된 혁명적 과업을 선봉적으로 수행하고 있으며 진정한 역사의 창조자로 되고 있다. 우리 시대의 가장 아름다운 인간은 우리 선진당원들이며, 우리 사회의 가장 전형적이며 기본적인 문제들을 반영하기 위하여서는 그들이 수행하는 과업과 성격을 다각적으로 심오하게 형상화하여야 한다."[9]고 제의하였다.

---

9) 김강, 「최근 문학평론들에 나타난 몇 가지 결함들과 그의 당면과업」, 『조선문학』, 1954; 『현대문학비평자료집3(이북편)』, 224쪽 재인용.

그러면서 그는 한설야의 『대동강』을 평함에 있어서 당시의 인쇄공장의 당 단체 생활을 옳지 못하게 묘사하였고 젊은 인쇄노동자들의 지하투쟁을 조직 지도한 지하당조직의 여러 일꾼들을 구체적으로 형상화 하지 못하였으며 중요한 후방 빨치산 투쟁의 조직자이며 지도자의 당적 인간 덕준이를 작가는 사실주의적으로 형상화 하지 못하였다고 하였다. 또 천세봉의 『싸우는 마을사람들』을 평하면서 소설은 많은 장점을 갖고 있지만 큰 결함은 대호산일대에 근거지를 둔 한 개 군의 빨치산 지휘부의 책임일꾼들과 거기에서 핵심적 역할을 하는 당 단체들이 잘 형상화 되지 않은 점에 있다고 하였다.

평론가들의 이런 제의를 보면 당시 사회의 수요에 의하여 전후의 소설창작에서 당원과 당의 영도의 정확성을 표현하는데 많은 정력을 기울였던 것 같다.

박웅걸의 『조국』[10]은 6·25전쟁 당시 북한군이 북으로 후퇴하는 시기에 탄광촌을 배경으로 전개되는 평범한 노동자들의 이야기를 다룬 소설이다. 여기서 탄광 마을사람들이 적군에 맞서 당당하게 싸우는 모습들이 잘 부각되었을 뿐만 아니라 군당위원장 조희선을 비롯한 당 일꾼들이 마을사람들

10) 박웅걸, 『조국』, 조선작가동맹출판사, 1957. 이 책은 조선작가동맹출판사에서 펴낸 이 책을 텍스트로 삼는다. 이하 책의 인용은 쪽수만 표기한다.

을 조직하여 질서 있게 후퇴하고 또 빨치산을 조직하여 투쟁하며 탄광 마을을 해방시키는 장면을 인상깊게 형상화하였다.

소설은 군당위원장인 조희선이 무거운 발걸음을 옮기며 폭격에 의해 불타고 있는 거리를 돌아보는 것으로부터 시작된다. 수시로 적들이 들이닥칠 위험한 상황을 고려하여 탄광노동자들은 군당노동부의 명령에 의해 탄광을 폭발시키고 식솔들을 거느리고 부득이한 후퇴를 하게 되는데 후퇴 길은 고난의 길과 같았다. 뜻하지 않은 적군의 포격은 수시로 그들을 위협하였고 도처에 적군이 들어와 그들의 후퇴 길을 막았다. 부득이하게 산길을 택한 그들은 산속에서 밤을 지내기도 한다. 이때 후퇴 사업을 조직하는 군당위원장 조희선은 고난의 길을 헤치는 인솔자가 되어 당 일꾼과 인민들은 유기적 일체를 이루는 역할을 한다. 그들은 하나의 의지를 갖고 있고 그 의지는 정당했다. 이때 당 일꾼은 이런 의지의 대변자로 등장한다. 모두가 한결같이 숙연하게 시련을 맞는 광경은 장엄하기까지 하였다. 작중 인물인 한정옥은 후퇴를 하는 상황에서도 당 조직이 '커다란 군함'같다고 느낀다.

이런 광경을 보고 있는 정옥은 제 마음이 점점 가라앉

아서 아주 태연하고 튼튼해지는 것을 느꼈다. 그것은 마치 튼튼하고 커다란 군함 속에 앉아 있는 것 같은 느낌이었다. 밖에서는 폭풍이 불고 산더미같은 파도가 선체에 부딪치건만 배는 꿈쩍도 하지 않고 격랑을 헤치며 태연하게 목적지를 향해 움직여 나가고 있다. 초급당부위원장과 로동부장이 선장이 되고 기관사가 되어 정확하고 능숙한 솜씨로 그 배를 운전해 가고 있는 것이다.

(『조국』, 46쪽)

당에 의해 후퇴가 집단적으로 조직되는 과정에서 당 조직은 그대로 전투조직이 되었으며 당 위원장은 빨치산 대대장이 되었다. 그들은 삶의 터전을 등지고 떠나지만 다시 돌아오지 못하리라고 생각하지 않는다. '당에 모든 것을 맡긴다!'는 것은 탄광의 노동자와 인민들이 어느덧 내면화한 자세로 되었다.

황건의 『개마고원』은 해방직전부터 6·25전쟁이 일어난 직후의 개마고원 인민들이 당 일꾼의 영도 하에 활기찬 삶을 살아가게 되고 전쟁이 발발하였을 때 당 일꾼들의 조직 하에 적극적으로 전쟁에 참여하는 모습을 그렸다. 해방 후 남재한, 김경석을 비롯한 당 일꾼들은 개마고원의 인민들을 인솔 하여 해방 전과 다른 새로운 삶을 시작하게 된다. 그들은 개마고원 인민들을 영도하여 당지의 기후 특성에 따라 곡식 농사 대신 축산업을 하게 하고 살기 어려운 산간 지대 화전민들을 평지의 공장으로 옮겨 새로운 삶을 살게 한다. 그 기간에 봉건 잔재 분자들의 여러 차례의 도전을 받기도 하지만 모두 슬기롭게 고비를 넘긴다. 전쟁이 발발하자 당 일꾼들을 선두로 개마고원 인민들은 너도나도 앞다투어 빨치산에 가입하고 적들과 치열한 투쟁을 벌리게 된다.

여기서 특기할만한 것은 작품 중 많은 인물들이 당 일꾼들의 교화 하에 소극적인 인물에서부터 사상 전환과 변화를 이루어 사회주의건설에 적극적으로 임하게 되고, 전쟁이 일어난 후에는 전쟁에 적극적으로 참여하면서 전쟁 중 영웅이 된다는 것이다. 이는 작품 중 인물들의 사상 전환과 변화를 보여주면서 다른 한 측면으로는 당적 인물의 영도가 정확함을 보여주기 위한 의도라 할 수 있다.

소설의 주인공인 김경석은 일제 말기에 징병으로 끌려나갔다가 도망쳐와 자기집의 헛간 뒤주 속에서 숨어 지내는 성격이 유약한 사람이다. 그런데 해방을 맞이하면서 남재한을 비롯한 당 일꾼들로부터 교육을 받게 되고 또 면에서 진행되는 정치교육반에 참가하면서 차츰 적극적인 활약을 하는 인물로 변모하여 면당위원장이 된다. 당의 교육 하에 사회주의 건설의 중견으로 성장한 김경석은 자신이 다른 사람을 정확한 방향으로 인도하는 훌륭한 당 일꾼으로 성장하였으며 전쟁 발발 후에는 조국 수호의 영웅이 된다.

이름이 정영삼인 어덩쇠 역시 당 교육의 힘을 통해 변모한 인물이다. 심성이 착한 어덩쇠는 마을 지주 정씨의 친척이었다. 그렇기에 해방 후에는 그 계급 성분 때문에 기를 펴지 못하고 산다. 해방 후 새 인민 정권과 자기의 친척 정씨들은 치열한 대치상태에 들어가게 되는데 이때 어덩쇠는 갈등하게 된다. 한 편으로는 자기 가문의 '혈통'을 생각하고, 다른 한 편으로는 새로운 사회, 그는 새로운 사회에 적극적으로 투신할 것을 갈망하면서도 족벌주의 의식으로 선뜻 발을 내딛지 못하고 있었다. 이런 와중에 당 일꾼인 남재한이 원조의 손길을 내민다. 그 손길을 따라 어덩쇠는 결심을 하게 되고 철저하게 변화한다. 혼자 생각에 우울했던 자신을 옹졸하기 짝이 없었다고 다시금 생각하였고 새로운 사회로 발을 내딛으니 체내에 곪아오던 어열이 한꺼번에 빠져버린 것처럼 마음이 개운해 진다고 생각한다. 그는 결국 족벌주의를 물리치고 입당청원서도 내게 되고 농촌위원회의 위원장까지 된다. 새로운 사회에 대한 신념이 생기고 생활의 방향을 찾게 된 그는 자기의 장기를 발휘하여 축산업에서 성과를 내며 토지 개혁때 자기의 아주버니인 지주 정태기의 악행을 단호히 적발하여 마을사람들로부터 사리가 밝고 강단있는 사람이라는 평가까지 받게 된다.

이외에 지주 정씨 가문의 사위 벌인 원갑도 역시 당 교육에 의해 변모된 사람이다. 해방 후에도 지주인 정씨들에게 계속 이용당하던 원갑은 전쟁이 발발하자 지주였던 정태기 등을 따라 한국군 편으로 전향하게 되는데 그는 미군의 포로가 되어 총살의 위기에 처한 경석과 해수를 지키게 된다. 성품이 어리숙하고 우유부단한 원갑은 막상 초주검이 되어 묶여 있는 면당위원장 김경석을 보자 마음이 흔들리게 된다. 뒤이어 감방에서 경석과 원갑의 한 차례의 비우호적인 대화가 이루어지는데 경석의 교육 하에 원갑은 지난 5년간 인민위원회의 역할과 그 덕택을 입었음을 깨닫게 되고 새로운 사회의 우월성을 감지한다. 그 은혜를 깨달은 원갑은 몰래 주머니칼을 구해와서 경석과 함께 갇혔던 사람들이 탈출할 수 있도록 도와 준다.

이렇게 소설은 당 일꾼들의 교육 하에 변화한 사람들이 우수한 성과를 올리고 열성을 보이는 모습을 보여주면서 당이 가리키는 방향의 정확성을 확인해주고 있다.

『흰 구름 피는 땅』[11]은 전쟁시기 상이군인 김철수가 마을에 돌아와 마을사람들을 거느리고 양수장을 복구건설하고 곡식을 심는 이야기를 다룬 소설이다. 전쟁시기 막강한 항공력을 자랑하고 있는 미군과 한국군이 수시로 양수장을 폭격해서 파괴할 수 있지만 김철수는 아무리 전쟁상황일지라도 자기들의 삶터를 영위하고 전선에 지원할 양식을 보장하기 위해서는 농사짓기를 견지해야 한다며 농민들을 거느리고 폭격에 파괴된 양수장 복구 건설에 나선다. 마을에서는 철수의 행위를 찬동하고 따라주는 사람들도 많았지만 더러는 그것이 무모한 짓이라고 하면서 반대하고 심지어 방해하는 사람도 있었다. 이에 철수는 자기가 전선에서 겪었던 일들을 마을사람들에게 이야기해주면서 그들에게 승리의 신심을 가지고 전선의 용사들처럼 힘차게 일해나갈 것을 호소하였다. 전선의 용사들의 투쟁 정신에 감동을 받은 농민들은 적기의 폭격을 무릅쓰고 미군 비행기가 파괴한 양수장을 복구 건설하는데 적극적으로 나서게 된다. 양수장을 복구건설한다는 것은 농민들이 자기 땅의 수익성을 보장할 뿐만 아니라 나아가서는 전선이 요구하는 식량의 증산을 위하여 이 마을에 맡

---

11) 응응응응응 천세봉, 『흰 구름 피는 땅』, 조선작가동맹출판사, 1956. 이 책은 조선작가동맹출판사에서 응응응응응 펴낸 이 책을 텍스트로 삼는다. 이하 이 책의 인용은 쪽수만 표기한다.

겨진 중요한 과업을 해결하는 것을 의미하게 된다. 때문에 농민들은 단결하여 온갖 곤란과 장애를 용감하게 극복해 나가는데 결국 그들은 양수장을 복구건설함으로써 농사를 지을 수 있게 된다. 전장에서 불구가 되어 돌아온 김철수는 상이군인으로서 가히 당을 대표하는 인물이라고 할 수 있다. 이런 상이군인의 인솔 하에 전시임에도 불구하고 양수장을 복구건설하고 농사를 짓는 마을사람들의 정신을 고상하다고 표현한 것으로 볼 수 있다.

이 소설들은 북한인민들이 당 일꾼들의 영도 하에 그 방향을 따라 주저하지 않고 나아가면서 여러 가지 곤란을 극복하고 최종 승리를 이룩한다는 것을 보여줌으로써 당의 영도가 정확함을 확인하고 당 일꾼들의 고상한 정신을 알리고 있다고 할 수 있다.

3. 전쟁의 참상과 반미 의식 고양

1950년대 북한의 대다수 소설은 불타고 있는 북한의 참담한 모습을 곳곳에 묘사하고 있고 유린당하는 북한인민들의 비참한 모습을 적나라하게 서술하고 있다. 비록 이런 묘사와 서술은 토막토막으로 되어 있어 소설 전반을 이끌고 나갈 중심선은 안 되지만 이는 은연중에 전쟁의 참상을 고발하였고 북한인민들이 이 전쟁의 장본인으로 간주하는 미군에 대한 증오의 감정을 어떻게 생각하는지 강렬하게 보여주고 있다. 때문에 전쟁의 참혹상을 고발함으로써 반미 의식을 강조하는 것은 1950년대 6·25전쟁 제재 소설의 또 하나의 중요한 주제가 된다.

작품의 곳곳에는 미군의 폭격으로 하여 사람들의 삶터가 폐허가 된 비참한 모습이 많이 묘사된다.

> 동갱이 난 전선대와 휘여 구부러진 쇳주로가 떨어진 들보와 산산히 부서져 흩어진 유리쪼각, 이런 것들이 그들의 행진을 방해했다. 불붙는 거리의 타다 남은 집들의 창문에는 찢긴 카텐이 너펄거리고 허무러지다 남은 다리 란간에는 바퀴가 떨어져 나간 자전거 체대가 걸려 있었다. 기둥만 남은 주택들에는 빛을 잃은 놋그릇들이 딩굴고 있고 정원의 소나무들은 부러진 그루테기만 남아 있었다. 그것들은 마치 이 거리의 모든 생활이 정지되지나 않았나 하고 의심하리만치 처참한 페허를 련상시켰다.
>
> (『서울사람들』, 3쪽)

이것은 『서울사람들』에서 전쟁을 겪고있는 서울 거리의 황폐한 모습을묘사한 것이다. 예전의 평화롭던 모습은 온데간데없이 사라지고 거리는 폐허가 되고 말았다. 창문의 찢겨진 커튼, 바퀴가 떨어져 나간 자전거 몸통, 빛을 잃은 놋그릇……. 이런 일상생활 물품들의 처량한 모습은 전쟁이 서울 사람들에게 준 무한한 고통을 암시하고 있다.

시내는 온통 불ㅅ길에 싸여 있었다. 시뻘건 불ㅅ길이 너울너울 불타 오르는 거리 상공은 검은 연기와 흩날리는 잿가루로 한벌 덮여 있었다. 검은 구름처럼 서린 연기를 통해 마치 해바라기같이 노란 빛갈로 보이는 태양이 눈을 좁히지 않고도 바라볼 수 있었다. 그 밑에서 군 인민 위원회 청사며 백화점 식당들이 모두 미친듯이 타오르는 불ㅅ길에 싸여서 애처롭게 사라져 가고 있었다.

(『조국』, 3-4쪽)

위의 인용문은 『조국』에서 군당위원장의 눈으로 본 불타고 있는 거리의 모습이다. 전쟁으로 인하여 북한인민들의 삶터는 폐허가 되고 말았다. 해맑았던 하늘이 검은 연기에 가려지고 눈부시던 태양도 더는 눈부시지 않다. 평화롭던 시절의 멋진 건물들도 폭격을 당하여 그 위풍을 잃고 비참한 꼴을 보여주고 있다. 이런 구절은 작은 규모의 환경 묘사에 불과하지만 다른 한편 폭격으로 인해 풍지박산이 된 한반도의 모습을 역력히 보여주고 있다.

6·25전쟁 기간 미군의 북한점령정책은 '조선지역에 미군의 통치 질서를 창설하는 것'과 '조선의 인적 물적 자원 모두를 재기 불능할 정도로 파괴시키는 것'이라는 두 가지 목

표 아래 실시되었다. 실제로 미군은 무차별적 공중폭격을 감행하였는데 폭격 당한 북한의 모습은 단테의 '지옥'편을 연상할 정도로 처참했다고 한다. 전쟁이 시작된 이후 1953년 4월말까지 미군은 26만 발의 중대형 폭탄, 2억 발의 탄환, 약 40만 발의 로켓탄, 약150만 발의 네이팜탄을 쏟아 부었다. 평양에는 43만 발의 폭탄이 투하되었고 북한 전역에 1평방 킬로미터당 18개의 폭탄을 퍼부었다.[12)] 이런 초토화 작전과 융단폭격으로 전 한반도는 폐허가 되었다. 작품에서 묘사하는 불타는 거리의 모습은 미군의 이런 잔인무도한 행위를 고발하고 있으며 당시 북한인민들의 비참했던 실생활을 보여준다.

북한은 이 전쟁에서 수없이 많은 인적 피해도 받았는데 통계자료에 의하면 북한의 민간인 사상자는 약 250여 만 명으로서 전체 사상자의 80%에 해당된다고 한다.[13)] 이렇게 민간인 희생 수치가 많은 것은 위에서 말한 것처럼 미군의 무차별적인 폭격에 의해 사상된 사람 중 민간인이 대부분이었기 때문이다.

---

12) 김호웅, 정문권, 김관웅, 『북한문화와 문학의 역사적 이해』, 창과현, 2004, 96쪽 참조.

13) 김호웅, 정문권, 김관웅, 『북한문화와 문학의 역사적 이해』, 창과현, 2004, 94쪽 참조.

임재동, 최정미의「미국의 전쟁전략과 전쟁정책」[14]에 의하면 미군은 친일, 친미파, 청산된 지주, 변절자, 민족반역자 등을 동원하여 '치안대', '서북청년단', '대한청년단', '청년방위대'를 비롯하여 '멸공단', '백골단', '학도호국단' 등 각종 테러단체들을 만들어서 주민들에 대한 탄압과 학살, 파괴와 약탈을 했다고 한다. 그들은 북한 점령지역들에서 수많은 주민들을 학살하였으며 평화적 산업시설과 문화기관, 도시와 농촌을 잿더미로 만들었다. 또한 미군은 북한에서 대량학살[15]을 감행하였으며 발길이 닿는 모든 곳에서 공산주의자 혐의를 받는 자들은 물론이고 무고한 주민들도 학살하였다.[16]

천세봉의 『싸우는 마을사람들』에서 미군은 마을에 진입하자마자 '빨갱이'들을 붙잡아내려고 마을의 무고한 사람들을 대량으로 학살하였는데 그 장면은 참으로 참혹하였다.

---

14) 임재동, 최정미,「미국의 전쟁전략과 전쟁정책」,『한국전쟁의 이해』, 역사비평사, 1990.

15) 특히 황해도 신천군에서 감행한 학살은 그 잔인성에서 인간의 상상을 초월한다고 한다. 신천군에서 미군이 점령한 45일 동안 학살당한 주민들의 수는 무려 35,383명에 달했는데 이것은 군내 총인 구의 4분의 1에 해당했으며 그 가운데 어린이와 노인, 부녀자들이 16,234명이나 되었다. 궁흥면 만궁리에서는 리 인구의 87%, 온천면 용당리에서는 68%, 신천면 양장리에서는 남자 전원이 학살당하였다. (김호웅, 정문권, 김관웅,『북한문화와 문학의 역사적 이해』, 창과현, 2004, 105쪽 참조.)

16) 임재동, 최정미,「미국의 전쟁전략과 전쟁정책」,『한국전쟁의 이해』, 역사비평사, 1990, 222-224쪽 참조.

실로 끔찍한 광경이였다. 바로 논 가운데 흙이 뒤집혀 반죽이 됐고 시체가 얼만지 모르게 가로세로 쌓였다. 손은 묶기운채 있고 몸뚱아리마다 감탕으로 매질을 했다. 어린 애를 업은채 있는 녀인도 있고 어떤 녀인은 아이는 빠져나가고 포대기와 띠만 하반신에 감고 있기도 했다. 뿌리를 파들고 일어난 벼포기가 사람들의 몸에 삼꺼풀처럼 감기였다. 거개 감탕이나 벼포기를 악쥐고 죽었다. 시체는 한 곳에만 쌓여있는 것이 아니라 이렇게 죽은 곳이 세 곳이나 되였다. 그리고 벼가 제대로 서있는 논 가운데서도 까맣게 된 크고 적은 시체가 여러개 굴러있다. 그것은 탈출을 꾀하다가 총에 맞아죽은 모양이였다. 피는 감탕 속에 숨어들어 그냥 감탕 빛갈로 되고만 모양이였다. 가끔 시꺼먼 물같은 것이 있어 만저보면 그것은 선혈이였다.

(『싸우는 마을사람들』, 54쪽)

이것은 미군이 개안마을에 들어와 저지른 악행을 보여준 대목이다. 그들은 남녀노소 차별없이 지어 어린이까지 '빨갱이' 혐의자로 잡아가 무참한 학살을 감행하였다. 한설야의 『대동강』은 미군 장교 스미스의 입을 빌어 미군의 이런 극악무도한 행위를 '정당성'을 폭로하고 있다. 스미스는 인쇄소의 사장한테 인쇄소 내부의 '빨갱이'를 수색하는 방법을 알려주면서 다음과 같이 말한다.

> "…원자탄은 빛을 가리지 않소. 붉은 빛도 검은 빛도 검둥이도 센둥이도 좋소. 다만 숫자를 요구하오, 핏덩이도 좋고 젖먹이도 좋소. 녀자들이라고 어린애들이라고 제외될 수는 없소. 그런 자비심은 비미국식 사고방법일 뿐이요. 죽이지 않으면 제가 죽는 판이요. 열 다섯 해만 지나면 그 핏덩이 사내새끼들은 총 메고 미국인들에게 달려들 것이고 계집애들은 하나가 둘이 되고 셋이 되는 이 뻔한 사실에 대해서 당신들은 어째 맹목하려는 것인가. 만일 히틀러에게 손자, 증손자가 있다면 그들도 틀림없이 빨갱이로 되리라는 것을 어찌하여 당신들은 생각할 줄 모르는가. 무기가 아니고 무엇이 이 무서운 사실을 말살할 수 있겠는가. 대체 세계 인구의 삼분의 둘이면 얼마요? 또 하루에 세계에서 얼마씩이나 인간이 새로 나오고 있는가, 이걸 언제 세고 고르고 있단 말이요. 그런데 당신들은 물감 장사처럼 이건 검다, 이건 붉다, 이거 희다… 하고 간색부터 하려고 드오. 그리지 말고 먼저 싹 쓸어버리고 보란 말이요. 그것이 용감한 일이요. 그럼 그 속에 당신들이 찾는 빨갱이도 반드시 들어

있을 것이요. 이것은 절대 안전한 방법이요. 고르다가 나니까 흘러 버리고 새여 버리고 밤낮 믿지는 장사만 하고 있지 않소. 대담하란 말이요."

(『대동강』, 109쪽)

이 소설은 무리로 묶여 학살된 무고한 사람들의 참상을 많이 묘사하면서 미군의 잔인무도함을 고발했을 뿐만 아니라 또 나약한 북한여인들이 겁탈당하고 살해당하는 모습을 묘사하여 미군의 동물적 본성을 보여주기도 하였다.

그 여자가 눈을 감은 뒤에 윤동무는 다시 한 번 방안의 광경을 살펴보았다. 세 여자다 24,5세 되여보이는 젊은 녀성이었다. 조선 옷을 입은 두 여자는 가정부인 같고 양장을 한 한 여자는 처녀 같았다. 셋다 속옷이 찢기여 있고 허벅다리가 로출되여 있었다. 분명히 미국놈에게 잡혀와서 강간을 당하고 총살된 것이다. 윤동무는 이를 부드득 갈았다. "쳐죽일 놈들-" 오동무도 성을 참지 못했다.

(『서울사람들』, 53쪽)

틀림없는 녀자의 시체였다. 녀자의 시체는 그뿐이 아

니라 저쪽 갬나무 그늘에도 또 하나 있는데 그쪽 시체는 배를 땅에 대고 엎으러졌다. 좀 더 자세히 살펴보니 시체들은 어느 것이나 치마 저고리가 죄 찢어져 희슥희슥 드러난 살에는 피자국이 랑자하며 피가 덩이로 엉킨 총탄자리가 수없었다. 하늘을 바라고 번져진 녀자의 손에는 돌멩이가 쥐여 있고 엎드린 녀자의 펼친 손은 나무 뿌리를 걷어 쥐였다. 그리고 그 저쪽 홈타기 턱에는 이고 오던 보따리가 흩어진 듯 헝겊 쪼박들이 흩어져 있는 가운데 가위까지 한 자루 번쩍번쩍 눈에 띄였다. 보따리 속 알진 것은 죄 빼여 낸 뒤 같았다.

(『개마고원』, 334쪽)

첫 번째 인용문은 『서울사람들』에서 정찰을 나갔던 윤동무와 오동무가 산밑의 어느 민가에서 목격했던 참상을 묘사한 것이고, 두번째 인용문은 『개마고원』에서 김경석이 숲을 지나다가 발견한 장면으로 피난 가다가 불행을 당한 여성들의 모습에 대한 묘사이다. 위의 인용문들은 겁탈당하고 살해당한 여성들의 비참한 모습을 상대적으로 상세하게 그리고 있는데 이는 미군의 야만적이고 원시적인 비열한 행위로 인하여 전쟁에서 북한 여성이 얼마나 끔찍하고 잔인하게 살해

되고 피해를 입었는지를 생생하게 보여주고 있다.

폭격으로 황폐화된 북한 거리의 모습, 무리를 지어 학살당한 무고한 사람들, 미군에게 겁탈당하고 살해된 북한여성들을 참혹하게 묘사함으로써 이 전쟁이 북한인민들에게 얼마나 많은 고통을 가져다 주었는가를 잘 보여주고 있다. 6·25전쟁 제재 소설에서 이런 비참한 실상에 대한 묘사는 비단 전쟁상황 속의 참혹한 실상의 반영일 뿐만 아니라 더 나아가 전쟁의 장본인인 미군에 대한 적개심을 발로하기 위한 직접적 목적을 드러낸 것으로 보인다. 미군의 무차별한 공중폭격으로 대부분의 북한인민들은 토굴 속에서 나날을 보내야 했고 적군의 침입으로 피비린내 나는 학살이 수시로 감행되었으며 남녀노소 관계없이 학살당한 사람들은 부지기수였다. 이런 현실상황에서 이전까지 추상적이고 원칙적인 수준이었던 반미는 구체적이고 근본적인 것으로 바뀌게 되었던 것이다. 이런 반미주의의 정서는 작품 속에서 미군이 저지른 만행을 통하여 강조됨으로써 북한인민들에게 실제로 작용한다.

제4장

인물 유형

북한의 현대문학은 인물들의 관계를 통하여 혁명적 과업을 수행하는 과정이 전개되고 아울러 인민들을 교양하는 효과를 얻는다. 때문에 인물형상화의 문제는 북한현대문학 작품연구에서 빼놓을 수 없는 중요한 요소로 볼 수 있다.

본 장에서는 소설에 등장하는 인물들을 긍정적 인물 유형, 부정적 인물 유형, 특수한 인물 유형으로 분류하여 각 유형의 인물들의 형상을 부각하는 특성을 살펴보고 그런 특성이 나타나게 된 원인, 그리고 전후 특수한 인물 유형들이 많이 등장하게 된 원인 등에 대하여 고찰해 보기로 한다.

1. 긍정적 인물 유형

1950년대6·25전쟁제재의 소설에서 긍정적인 인물들 즉 애국심으로 충만한 대중영웅들을 찬양하는 것이 소설의 주된 주제라는 것을 앞장에서 고찰하였다. 본 절에서는 이런 긍정적인 인물이 소설에서 어떻게 부각되었는지 구체적인 인물 형상 분석을 통하여 알아본다. 긍정적 인물 유형에는 최전방의 북한군인과 후방의 인민들이 포괄되는데 본 논문에서는 후방 인민을 노동자와 농민으로 분류하여 고찰한다. 여성인물형상 역시 후방 인민의 형상에 속하지만 소설에서 차지하는 비중이 많고 중요한 점을 감안하여 별도의 절로 분리하여 고찰해 보기로 한다.

1) 영웅인 북한군인

전장에서의 주체는 군인이다. 때문에 군인들의 영웅적인 형상을 부각하는 것은 전쟁제재소설에서 필수이며 제일 중요한 요소이기도 하다. 우수한 군인에 대한 정의는 부동하다. 하지만 보편적으로 이해하고 있는 우수한 군인은 용감하고 완강한 전투력을 가지고 있고 고도의 자각적인 희생정신, 견정불굴한 의지의 숭고한 절개, 곤란을 두려워하지 않는 견강한 의지, 중임을 용감히 끌어 아는 혁명정신 등을 소유하고 있다. 북한군인의 형상에도 이런 특성이 중요하다. 이 부분에서는 최전방의 북한군인들의 전투 생활을 묘사한 『젊은 용사들』, 『고지의 영웅들』, 『도성소대장과 그의 전우들』, 『행복』 등의 소설을 위주로 북한군인들의 성격적 특징을 고찰해 본다.

위의 소설들에서 부각되는 최전방의 북한군인들의 우수함은 아래와 같은 네 가지 면에서 표현된다.

a. 6·25전쟁제재 소설에 등장하는 북한군인들은 한결같이 죽음을 티끌처럼 여기는 영웅전사들이다. 전장에서는 우선 죽음의 두려움을 극복해야만 전투를 할 수 있다.

총탄이 빗발치는 전장에서 생명은 수시로 위협을 받기 때문이다.

『행복』[1]에서 적들이 지형이 유리한 고지에서 방어전을 치고 북한군인들의 진로를 완강하게 막고 있자 대대에서는 지정된 시간 내에 그 고지 두 개를 탈환하고 놈들의 105미리포 여덟 문을 부수라는 명령을 내렸다. 앞의 두 개 중대가 연속 명령 집행에 나섰지만 효과가 별로 없자 명령은 세 번째로 정치부 일꾼인 김정호한테 내려진다. 명령을 복종하는 것은 군인의 천직이다. 김정호는 한치의 망설임도 없이 나선다.

정호는 군인증 당증을 전부 대대장에게 맡겼다. 어려운 전투고, 살아돌아 올 작정을 해서야 일은 될 수 없었다. 명령을 받으면서 이미 각오한 것이였다. 그러나 마음은 아무 구김살도 없이 이제야 오래 생각해 오던 시간이 왔다는 생각이 들었다. 전투 준비에 바쁜 흥분된 시간, 피득피득 고향 생각, 친한 사람들의 생각, 걸어온 과거에 대한 생각

---

1) 황건, 『행복』, 문예총출판사, 1953. 본 논문에서는 문예총출판사에서 출판한 이 책을 텍스트로 삼는다. 이하 인용 시 쪽수만 표기한다.

들이 떠올랐으나, 모두가 나와의 리별을 섭섭해는 하겠으나 나에게 오늘이 있은 것을, 있을 수 있으며 또한 훌륭한 일로 축복하리라는 뜨거운 마음이 앞섰다.

(『행복』, 60쪽)

이것은 김정호가 임무수행을 나서기 직전의 심경이다. 그는 앞에 놓여있는 것이 죽음인 줄을 번연히 알면서도 추호의 두려움이 없다. 오히려 그것이 오래 기다리던 시간이며 축복받을 일이라는 자랑스러운 마음부터 앞선다.

『고지의 영웅들』에서 보통 전사인 삼록이는 최후의 결전에서 김종길과 단둘이 등성이에 남게 되는데 적군 100여 명이 무리를 지어 기어오르는 것을 노려보던 그는 서슴없이 수류탄 스무 개를 농줄에 매여 달고 허리에 띤다. 적군이 가까이 접근해오자 그는 양 손을 들고 전호(참호)를 나가는데 적군은 살아남은 북한 군인이 투항하는 줄 알고 기뻐하면서 생포하려고 우르르 몰려들기 시작한다. 적군이 50명 가량 몰려들었을 때 삼록이는 용감하게 허리에 띤 농줄을 잡아당겼다. 스무 개의 수류탄이 터지는 소리와 함께 적군들은 비명을 지르며 무리로 나자빠진다. 이렇게 삼록이는 자기의 생명을 희생시켜 많은 적군을 무찌른 또 하나의 영웅으로 형상화되었다.

b. 북한군인들은 한결같이 견인불발한 의지를 갖고 있다. 소설에서 전사들의 육체는 자기의 의지로써 충분히 공제할 수 있었다. 북한군인들은 신체의 생리적 고통을 초월하고 드높은 정신 면모로 신체에서 오는 고통과 죽음의 공포를 대면하는 것으로 형상화된다.

『젊은 용사들』에서 권만섭은 소대장을 따라 적군 진지에 임무를 수행하러 갔다가 탱크를 쳐 부시는 과정에서 적의 카빈총 총탄이 여러 개 몸에 박혀 옴짝달싹할 수 없게 된다. 같이 온 전우들과 떨어져 적의 진지에 홀로 남게 된 그는 아픔과 외로움 속에서 괴로워한다. 적진의 구석진 곳에 숨어 고통 속에서 하늘만 쳐다보던 그는 문득 자기가 3년 전 서울에서 이승만 정부가 단독선거를 감행하고 난 후, 인민대중의 사기를 북돋우기 위하여 '아현국민학교' 교정에 있는 국기 게양대에 공화국 국기를 달아놓은 것을 떠올린다. 그 기를 지키기 위해서는 죽어서도 안되고 잡혀서도 안된다고 다짐한다. '--발견되면 안된다!', '--진지로 돌아가야 한다!', '--돌아가게 될 것이다!'고 하면서 그는 부단히 자신을 격려

한다. 공화국 국기를 지켜내야 한다는 강렬한 신념은 그로 하여금 다시 힘을 얻고 몸에서 오는 거대한 고통을 참아내며 부대를 찾아 나서게 한다.

『도성소대장과 그의 전우들』에서 경기 사수 창근이는 치열한 전투과정에서 눈이 보이지 않게 된 데다가 귀까지 들리지 않게 된다. 하지만 그는 아랑곳하지 않고 계속 싸우기를 원한다. 그는 옆에 있는 소대장한테 "소대장동무! 개놈들은 우리를 밀어내지 못할 거야요. 경기는 누구 단단한 동무에게 주세요. 그리고 제게는 수류탄만 주세요. 다른 데는 아무렇지 않습니다. 오히려 기운이 더 납니다. 눈과 귀만 꼭 사고입니다. 그리고 누구 나하고 같이 있게 해주세요. 적이 올라오면 제 몸을 다쳐주게 해주세요. 그러면 얼마든지 정확하게 놈들을 잡겠어요. 환히 보이는 거나 마찬가지여요…" (『도성소대장과 그의 전우들』, 177쪽)라고 말한다. 그는 혹시 소대장이 부상을 입은 자기에게 전투하는 것을 그만두게 할까 봐 모진 고통을 무릅쓰고 눈이 멀고 귀가 먼 상황에서도 끝까지 용감히 싸운다.

c. 북한군인들은 강렬한 집단주의 정신을 갖고 있다. 이런 영웅 인물들은 비록 한사람 한사람의 부동한 '자아'이지

만 매개의 '자아'는 집체라는 기초 하에 건립된 것인바 자각적으로 집체의 이익을 위하여 '자아'를 단속하는 개체로 형상화된다.

『도성소대장과 그의 전우들』에서 도성소대의 대원들은 자기 소대의 영예를 무엇보다 중히 여긴다. 2소대라는 소집단을 위하여 다른 소대의 전사들보다 더욱 힘써 훈련하고 더욱 용감하게 전투하며 또한 자기의 잘못으로 소집단의 영예에 영향을 끼쳤을 때에는 한없이 속상해 한다. 이런 일상생활에서부터 그들의 집단을 옹호하는 관념이 엿보인다.

집단을 위하는 정신은 비단 한 개 소대의 영예를 수호하기 위한 데서만 표현되는 것이 아니라 실제적인 전투에서 그것은 더욱 잘 드러난다. 큰 집단의 이익을 위하여, 승리를 위하여 전사들은 기꺼이 자기의 생명까지 바친다. 한효의 『서울사람들』에서 윤기철은 위기일발의 시각에 자기의 몸으로 적의 탱크를 쳐부순다. 『젊은 용사들』에서 리수복 또한 전투의 승리를 보장하기 위하여, 전우들의 전진의 길을 터놓기 위하여 자기의 몸으로 불을 토하는 적의 화구를 막는다. 이들이 관건 시각에 이렇게 자기를 서슴없이 희생시킨 것은 죽음을 초개같이 여기는 영웅주의 정신의 발로일 뿐만 아니라 더욱이 전투 집단의 승리를 위하여 찰나의 고려도 없이 자기를 투신하는 집단주의 정신의 발로라고 할 수 있다. 이들이 순간적으로 이런 행동을 취할 수 있었던 것은 그들이 평소부터 개인의 생사보다 집단의 이익을 더욱 중요시했기 때문이고 강렬한 집체주의 관념을 소유하고 있었기 때문이다.

d. 북한군인들은 모두 우수한 인격 매력을 갖고 있다. 전장에서 이는 전우애로 나타난다. 특히 얼마간의 전사들을 책임지고 있는 소대장이나 중대장의 몸을 통해 잘 체현된다. 소설에서 혁명간부들은 싸움에서 용감성을 나타내는 것보다도 그들이 전장에서의 정확한 판단력과 전투지휘능력, 전사들을 사랑하는 마음 등으로 그 인격 매력을 돋보이게 형상화된다.

『도성소대장과 그의 전우들』에서 김도성은 훈련 시는 누구보다도 엄격하지만 전사들을 사랑할 줄 아는 따뜻한 마음을 가진 지휘관이다. 어느 한번, 자기의 대원들이 정찰을 나갔다가 익숙히 다니던 농가에 들려서 주인집에서 너무 권하는 바람에 고구마를 싸오게 된다. 그런데 대대에서 이 일을 알고 김도성을 꾸지람하며 대원들을 잘 단속할 것을 요구한다. 김도성은 고구마를 얻어온 것은 군중규율 위반은 아니고 또 그런 일은 자주 반복될 일이 아니라고 생각하고 대원들을 꾸지람하지 않는다. 천리 길을 같이 진격했다가 천리 길을 또 같이 후퇴한 전우들이었기 때문이다.

『젊은 용사들』중의 권혁창 역시 훈련 시에는 아주 엄격하지만 평소에는 누구보다도 자기의 전사들을 아끼고 사랑하는 소대장이다. 자기 소대의 대원들이 임무를 맡고 나갔다가 돌아올 시간이 되었는데 돌아오지 않으면 잠을 자지 않고 어둠 속에서 기다린다. 자기 소대의 전사가 상급 부관의 심부름을 맡고 떠났다가 임무를 제시간에 완성하지 못하여 그 불똥이 소대장인 권혁창한테까지 떨어진다. 이 일때문에 그는 처음으로 상급부관한테 모독과 수치를 당하지만 일의 시비곡직을 잘 따질 줄 아는 권혁창은 그 대원을 나무라는 것이 아니라 도리어 그를 위로해준다. 이런 일의 시비곡직을 잘 가릴 줄 알고 섬세한 마음으로 자기의 대원들을 사랑할 줄 아는 것은 전장에서 체현되는 지휘관의 인격 매력이라 할 수 있다.

또한 전우들사이에 서로 아끼고 사랑하는 따뜻한 마음가짐은 한 개 전투집단이 더욱 견고해질 수 있는 보장이기도 하다. 가열 처절한 전투 현장, 특히 고지 전투에서 전사들에게 제일 필요한 것은 식량보다도 물이었다. 『젊은 용사들』에서 화식병이 간난신고를 거쳐 고지에서 전투를 하는 전사들에게 줄 물을 맥주병에 담아 들고 온다. 혓바닥이 가랑잎처럼 된 대원들에게 있어서 이 한 병의 물은 너무도 귀중하다. 소대장 권혁창으로부터 시작하여 한 사람도 빼놓지 않고 모두 물을 마셨다. 다들 제법 목젖까지 움직여가며 모두 마셨으나 물은 그냥 묵직하게 담겨 있었다. 더 목마른 사람을 위해 그들은 그냥 마시는 시늉만 하였던 것이다. 자기가 한 모금 적게 마시고 물을 다른 전우에게 양보하는 행동은 아주 쉬운 것이다. 하지만 여기에서 체현되는 전우들에 대한 사랑은 극히 소중한 것이었다.

이렇게 소설 속에 부각된 북한군인은 모두 대의와 정당성을 위해 헌신적으로 싸우는 영웅들이다. 게다가 그들은 우수한 인격매력까지 갖고 있다. 그들은 개인의 이해득실을 따질 줄 모르고 개인적인 어떠한 욕망도 드러내지 않으며 오직 집단을 위하여 제 한 몸을 받치는 완미한 사람들이라는 특성을 보여준다.

2) 삶터를 수호하는 후방 인민

유엔군의 대규모적인 인천상륙작전으로 북한군이 전면적인 후퇴 시기에 이르게 되자 평양을 포함한 한반도 38선 이북의 많은 지역이 유엔군과 한국군에게 점령당했다. 따라서 점령지의 북한인민들은 유엔군과 한국군, 치안 대원과 경찰의 온갖 시달림을 받게 된다. 1950년대 6·25전쟁 제재 소설에서는 북한인민들이 이들의 갖은 폭압에도 두려워하지 않고 그들과 완강하게 싸워나가는 모습들을 많이 형상화하였다.

(1) 싸우는 노동자들

해방과 더불어 일본인들과 지주들의 압박 착취를 받으며 고달픈 생활 속에서 시달리던 노동자들은 직장의 주인이 되었고 여덟 시간 노동제의 따사로운 정책 하에 웃음꽃이 피어나는 생활을 하게 되었다. 하지만 전쟁이 발발하고 미군과 한국군이 들어오게 되자 노동자들의 생활은 삽시간에 파탄의 경지에 이른다. 노동자들은 어렵게 쟁취한 자기들의 행복한 삶을 쉽게 포기하지 않고 용감히 싸우는 것으로 형상화된다.

『대동강』에서 미군이 들어오자 남장을 하고 무연탄 운반부 노릇을 하던 점순이는 인쇄공장으로 들어가 문일이와 동수, 상락이를 비롯한 노동자들을 단합하여 적극적인 적 후방 투쟁을 벌린다. 인쇄소에서 그들은 이미 조립한 기계설비들을 파괴하고 수많은 기계 부속품들과 활자들을 무연탄 잿더미나 쓰레기통에 집어 던져 신문 발간에 혼란을 조성한다. 그들은 또 몰래 활자를 바꿔 치기도 하고 조판을 녹여 버림으로써 적들의 신문 첫 호의 발행을 방해하는데 기교적으로 '대한 망국 개승만 박살', '살인강도 두목 맥아더는 미군은 금년 크리스마스를 지옥에서 고배들 것이라 설명했다.'로 기사 내용을 바꿔서 신문을 폐물로 만들어버리는 등 그들의 기염을 꺾으려 한다. 그러다가 그들은 신문 발간을 파탄시킨 혐의자로 체포되는데 다행히 압송 도중 동료들에게 구출된다. 구출된 그들은 또 이내 해방탑 밑 방공호에 거점을 두고 삐라 공작을 진행하여 적들의 허위 선전을 폭로하고 북한군인들의 재진격 소식도 알려주면서 평양시민들에게 승리의 믿심을 안겨주기도 한다. 그들은 지하당원들을 통해 미군들이 패주하면서 평양시 안에 있는 수용소의 애국자들을 대량 살해하려는 음모를 알게 되고 상수리소비조합 창고에 갇혀있는 애국자들을 구원하는 전투를 벌려 승리를 이룩한다.

이렇게 인쇄소의 노동자들은 미군과 한국군 치하에서 두려움을 갖기는커녕 용감한 정신으로 적 후방에서 적극적으로 투쟁을 벌인다는 내용이다.

『조국』에서 공장의 지배인인 학빈이는 전쟁이 일어나자 자발적으로 탄광의 무장자위대를 조직한다. 그들에게 있어서 탄광은 자기들의 생을 영위해갈 수 있는 삶의 원천이었을 뿐만 아니라 조국의 사회주의건설에 없어서는 안될 생명줄이었기 때문에 무슨 수를 써서라도 탄광만은 수호해야 하였다. 때문에 상급에서 탄광을 폭발시키고 떠나라는 명령을 하달하였을 때 공장지배인을 비롯한 탄광의 모든 노동자들은 이를 거부한다. 하지만 눈앞에 닥친 형세가 급박하고 또한 상급의 명령인 탓에 울며 겨자 먹기로 탄광을 폭파시키고 후퇴길에 오르게 된다. 후퇴한 그들은 결코 탄광을 잊지는 않았다. 노동자들은 산속에 들어가 당 일꾼들의 지휘 하에 빨치산을 조직하고 탄광을 수복하기 위한 온갖 준비를 한다. 빨치산 대원들을 훈련시키고 수시로 정찰을 하며 소규모적인 무장투쟁을 전개하여 주위의 부락을 구출하기도 한다. 치밀한 계획 끝에 그들은 끝내 자기들의 삶터인 탄광 마을을 수복한다.

이렇게 후방의 노동자들은 곤란한 상황에 직면하여 위

축되는 것이 아니라 적극적인 투쟁을 벌린다. 자기들의 직장을 수호하기 위하여 무장투쟁을 조직하는가 하면 적들을 타격하기 위하여 적 후방 교란 작업을 벌리고 삐라를 만들어서 인민들에게 승리의 믿음을 전파하기도 하면서 용감한 정신을 발휘하는 것으로 형상화된다.

(2) '내 땅'을 지키는 농민들

해방 후 북한에서는 토지개혁을 통해 당시 사회의 지배층이었던 지주 계급이 청산되고 중상류에 속했던 부농들도 크게 위축된 반면에 사회의 피지배층이었던 고용인, 소작농, 빈농들이 새로 건립된 북한사회의 중요한 계급으로 등장하게 되었다. 토지개혁을 통해 지주들은 다른 지역으로 강제로 이주되었으며 직접 농사를 지어야 한다는 원칙에 의거하여 자작농으로 전환되었고, 과거의 소작인 또는 고용농들은 토지를 분배 받고 생활을 향상시켜 중농층에 진입할 수 있었다.[2] 토지개혁이후 부농은2~3%, 빈농은 25% 내외, 중농은 72~73% 정도로 일제하에서는 80%에 달하던 빈농이 대폭

2) 장미성, 「농업협동화 시기 농민의 일상과 내면 연구 —전후 1950년대 북한 소설을 중심으로」, 『학림』 제30집, 124쪽.

축소되고 전반적인 중농화가 이루어진다.[3] 그리하여 대부분의 농민들은 오매에도 그리던 자기의 땅을 가지게 되었으며 그 땅 위에서 하루하루 보람찬 생활을 하게 되었다. 하지만 뜻하지 않은 전쟁은 그들로 하여금 다시 땅을 잃을 수도 있다는 위기에 직면하게 하였다. 자기들의 땅을 지키기 위하여 농민들은 완강히 반항하고 나선다. 천세봉의 『싸우는 마을사람들』에서는 자기들의 땅을 수호하기 위해 제목 그대로 싸우는 농민들의 모습을 잘 형상화하였다.

적들이 마을로 쳐들어오게 된다는 소식을 입수한 마을사람들은 정미소의 기계와 양수장의 기계를 깊숙이 숨겨놓고 가축을 몰고 산속으로 들어가 피신한다. 하지만 그들은 이내 고향을 버리고 피난 온 것을 후회한다. "저 놈들이 빈 마을에 들어와 집들과 곡식을 어떻게 만들 것인가…… 중요한 기계는 빼여서 감추긴 했지만 양수장과 정미소는 어떻게 될 것인가?"[4] 하는 생각이 마을사람들의 뇌리 속에서 멈추지 않는다. 죽는 한이 있더라도 자기의 땅은 지키고 싶은 것

---

3) 김승준, 『우리 나라에서 농촌문제 해결의 력사적 경험』, 조선로동당출판사, 1965,118쪽; 장미성, 「농업협동화 시기 농민의 일상과 내면 연구—전후 1950년대 북한 소설을 중심으로」, 『학림』 제30집에서 재인용.

4) 천세봉, 『싸우는 마을사람들』, 문예총출판사, 1953, 29-30쪽. 본 논문에서는 문예총출판사에서 펴낸 이 책을 텍스트로 삼는다. 아래의 인용부터는 쪽수만 밝힐 것이다.

이 농민들의 마음이었다. 땅은 자기의 목숨보다 중요한 존재였다. 해방을 맞이하여 땅을 갖게 되어 주인이 된 농민들은 진정으로 사는 보람을 느꼈었던 것이다. 특히 소설 중의 중년 농민 계덕근이는 어려서 부모를 잃고 열 살 때부터 30년간 홍지주 집 머슴살이를 하다가 해방 후 땅을 받고 마흔살 노총각으로 장가를 들고 농사를 지어 새 집을 짓고 황소를 사 매고 모범 농민이 된 사람이다. 때문에 땅은 그에게 있어서 자기 운명과 떼여 놓고 생각할 수 없다고 생각하는 인물이다. 땅이 적들에게 짓밟히는데 제 목숨을 건지겠다고 피신한다는 것은 그에게는 상상조차 할 수 없는 일이었다. 안절부절 못하던 마을사람들은 얼마 지나지 않아 끝내 상급의 동의를 얻고 일부 사람들만 산속에 남아 가축을 돌보게 하고 다들 마을로 되돌아온다. 마을에 돌아오자마자 그들은 분분히 논밭으로 나가 곡식을 거둔다. 이때의 마을은 이미 미군과 한국군이 들어와 있어 그들의 세상으로 뒤바뀌어서 매일 피비린내 나는 학살과 강간이 끊이지 않았고 사람들을 붙잡아놓고 끊임없이 고문을 했다. 하지만 적들이 잔인하게 굴수록 마을사람들은 더욱 굳세게 저항한다. 미군이 들어오자 자기들의 세상을 만났다며 미군 앞에서 꼬리를 치고 마을사람들 앞에서 행패를 부리는 치안대원들을 계덕근이는 처음부터 진작부터 눈꼴사납게 생각한다. 그리하여 사람들을 학살할 구덩이를 파는 감독을 나왔던 치안 대원 조돌이의 목을 부러뜨리고 흙 속에 파묻는다. 조돌의 시체가 발각되자 의심의 대상으로 계덕근이가 잡혀 들어가게 되고 심한 고문을 당하게 된다. 어느 날 그는 밤중에 마을사람들과 함께 사형장으로 끌려 나가게 된다. 눈앞에 도래하게 될 자기들의 운명을 생각한 계덕근이는 사형장으로 끌려가던 도중 옆에서 가는 미군을 엎어뜨리는 동시에 "뛰어라!"하고 끌려가는 사람들을 향하여 고함을 지른다. 그 소리와 함께 이내 혼란상이 조성되고 그 틈을 타 산 위로 뛰어오르던 계덕근이는 엉덩이쪽에 총알을 맞게 된다.

"나는 죽지 않는다. 저긴 내 집이 있구 내 땅이 있다…… 나는 안 죽는다…"

그는 죽엄을 완강히 거부한다.

"앞으로 할 일이 많다. 가축을 더 많이 기르고 과수를 더 많이 옮기고…"

어릿어릿한 머리 속으로는 상준이나 영필이가 노 하던 말들이…… 하나 둘 머리 속에 떠오른다. 정미소를 더 확장하고 제분소를 설치하고 비룡강으로 조림을 하고 아이들이

놀 꽃밭과 씨름터…… 그 담엔…… 잘 생각나지 않는다. 눈앞이 안개처럼 뽀얗게 변한다. 누런 갈벌이 떠오른다. 바로 지척에 있다. 손을 내밀면 벌판이 부드러운 소 잔등처럼 감촉될듯도 싶다.

"내가 죽는다니 내가 죽다니…"

계덕근이는 또 한번 중얼대였다. 그는 좀 더 잘 보이는 쪽으로 간신히 얼굴을 돌리고 락엽 위에 뺨을 붙이였다. 그의 눈엔 눈물이 듬뿍 어리여 왔다.

(『싸우는 마을사람들』, 131쪽)

계덕근이는 적탄에 맞아 산속에서 마지막 숨을 거두는 순간에도 고향마을에서 눈길을 떼지 못한 채 땅과 고향을 더 잘 가꾸어야 할 미래를 그리며 죽음을 완강히 거부한다. 반평생을 고생 속에서 허덕이다가 해방을 맞아 행복한 나날을 몇 년 누리지도 못했는데 다시금 조국이 침략을 당하고 자기 또한 벌써 죽게 되다니……. 그에게는 생활을 더욱 잘 꾸려나갈 꿈도 많았는데 그 꿈을 채 이룩하기도 전에 죽어야 하는 계덕근이는 원통했을 것이다. 눈에 듬뿍 고인 눈물은 그의 이런 원통한 심정을 잘 말해주고 있다. 작품은 이런 계덕근이의 형상을 통하여 당시 농민들의 땅에 대한 진실한 감정을 보여주고 있다.

계덕근이가 땅에 대한 애착을 보이는 농민의 전형이라면 최치부는 정의를 위하여 완강한 의지를 나타내는 강직한 농민의 전형이다. 딸이 마을의 열성 분자이고 사위가 마을의 간부라는 이유로 최치부는 일찍부터 고문의 대상이 된다. 최치부는 놈들이 내리치는 몽둥이에도 요지부동하고 도리어 그것을 걷잡아 부러뜨린다. 머리가 터져 붉은 피가 이마와 눈 지방에 고랑을 지으며 흐르지만 최치부는 아랑곳하지 않고 도리어 머리맡에 있는 기둥을 가슴에 와락 휘어 안으며 마을사람들을 설득해 나선다.

> "네놈들이 암만 그래두…… 암만 그래두……내 몸대기엔 피 바껜 없다……"…중략… "맘을 맘을 든든히들 먹어라! 아직두…… 이 기둥은 튼튼히 서 있어! 응……우리네 기둥은 튼튼히 서 있으니까……" …중략… "우리가 우리가 죽어두, 우리가 세운 기둥은 무쇠기둥이야……어느 놈이 넘겨뜨리질 못해 응! 이 사람들아, 날 좀 봐라……그래 안 그러냐?"
>
> (『싸우는 마을사람들』, 70쪽)

최치부는 적군들이 아무리 날뛰고 치더라도 자기 자리를 굳건히 지키고 있는 기둥이 있기 때문에 자기들을 정복할 수 없다면서 마을사람들이 더욱 용감해지도록 호소한다. 감옥에 갇혔다가 밤중에 많은 마을사람들과 같이 불려 나와 사형장으로 가던 도중 계덕근이의 “뛰여라!”는 소리와 함께 강변으로 뛰쳐나가던 최치부는 총에 맞아 쓰러진다. 쓰러진 최치부는 미군이 어린 아이를 살상하는 끔찍한 장면을 목격하고 분노하며 상처에도 불구하고 온갖 힘을 다하여 돌멩이로 그 미군의 뒤통수를 때리고 목을 가로타고 앉아 죽인다.

계덕근이와 최치부 같은 농민들은 세대적으로 볼 때 자기의 반생을 일제시대의 낡은 봉건적 토지소유관계 속에서 압박과 착취를 받아온 만큼 땅의 소중함을 누구보다도 더 절절히 느끼는 사람들로 형상화된다. 토지개혁을 계기로 하여 땅을 얻고 진정한 땅의 주인으로 된 그들은 인민정권의 덕택을 누구보다 절실히 느끼고 그 은혜를 갚기 위하여 농촌의 발전을 위하여 열성을 다하는 주력군이라 할 수 있다. 때문에 그들은 조국이 침략당하고 땅이 다시금 탈취당하게 되자 누구보다도 그 의분을 참지 못하며 땅을 고수하기 위해서, 정의를 지키기 위해서 생명까지 내거는 인물로 형상화된다.

3) 전쟁 고난 속 강인한 여성들

(1) 전방에서 싸우는 여인상

전쟁은 남성적인 힘과 폭력이 극대화된 상황으로 여겨지므로 이 과정에서 여성들은 수동적이고 무력하고 고통을 감내해야만 하는 존재로 그려지는 경우가 많다. 즉 여성은 약한 존재이기 때문에 스스로의 힘으로 자신을 지킬 수 없다는 인식으로 해서 전쟁의 고통과 희생을 대변하는 상징으로서의 편향된 여성 형상이 문학 속에 일반화 되었다고 할 수 있다. 앞에서도 우리는 전쟁의 피해를 입고 시신이 되어 찬 바닥에 누워있는 여인들의 참혹상을 확인해 보았다. 하지만 1950년대 북한의 소설 속에 더욱 많이 나타나는 것은 남자들 못지 않게 전투에 적극적으로 임하며 활약하는 여성들의 형상이다.

소설에서는 앞에서 본『대동강』의 점순이처럼 후방에서 적들의 공작을 방해하며 용감히 맞서 싸우는 여성이 있을 뿐만 아니라 남자가 주인공이 되는 총탄이 빗발치는 전투현장에서도 활약하는 여성들의 모습이 많다.

『서울사람들』중의 금주는 적군이 쳐들어왔을 때 자기가

살던 고향을 지켜내기 위하여 총을 들고 전투 현장에 나서서 싸운 용감한 여성이다. 유엔군의 대규모적인 인천상륙작전으로 '해방'되었던 서울이 다시금 위협을 받게 되는데 이를 저지하게 위하여 제사공장의 노동자들은 특별자위대를 조직한다. 제사공장의 여직공이었던 금주도 자위대에 들게 되는데 북한군인들을 협조하기 위하여 새벽부터 신촌의 숲 속에서 다섯 시간 동안이나 엎디어 미군과 한국군의 화력 중심과 기동부대의 이동상황을 정찰하여 북한군인들에게 알려주는가 하면 직접 총을 들고 전투에 참가하기도 한다. 그러던 그는 고지를 지키는 전투에서 앞장서 달리다가 불행하게 총탄에 맞아 쓰러지고 만다.

『행복』에서의 간호원인 례주는 후방병원에서뿐만 아니라 야전병원으로 지원해 온 뒤에도 환자를 살뜰히 보살피고 총탄이 빗발치는 전투 현장을 넘나들며 부상당한 전사들을 찾아다니고 호송하면서 자기의 직책을 끝까지 완성하는 여성이다. 그는 최전선에서 부상당한 전사에게 긴급 처치를 해주다가 손목에 총을 맞기도 하여 군의관이나 상급 동무들에게 그렇게 전투하는 데까지 너무 나가지 말라는 주의까지 받는다. 그는 간호원으로써 책임감이 강할 뿐만 아니라 전투에서도 용감하다. 야전병원에서 300여 명의 환자들을 데리고 후퇴하는 과정에 미군들과 조우하게 되자 주동적으로 남아 적군을 물리치는 전투에 참가하게 되는데 전투력이 약한데다 경험까지 없는 사람들인지라 전투에서 열세에 처하게 되고 례주도 옆구리에 총을 맞는다. 하지만 그는 입술을 지근지근 씹으며 눈앞이 아찔한 것을 가까스로 참으며 적군 진지 10미터 앞까지 기어가서 그들에게 위협이 제일 큰 중화기를 향하여 수류탄을 던졌다. 한 번, 두 번 끝내 중화기는 불을 토하는 것을 멈추게 되었고 그들의 대오는 위험한 고비를 넘게 되었다.

이처럼 전방의 여성들은 보통 간호원이나 통신원 등으로 많이 등장하는데 그들은 높은 책임감을 갖고 있을 뿐만 아니라 전투에서 남자들 못지 않는 용감성을 갖고 행동하는 것으로 형상화된다.

(2) 전쟁 속 강인한 어머니상

전쟁은 사람들을 비정상적인 삶으로 몰아넣는다. 따라서 인민들의 가정생활, 남녀의 애정 생활 등은 전쟁 시기에 특수한 고통을 겪고 경험을 하게 된다. 남성과 비교해 볼 때 여성들은 더욱 쉽게 가정의 구속을 받게 되는데 전쟁환경에서 가정생활을 어떻게 영위해 나갈 것인가는 여성들이 떨쳐 버릴 수 없는 책임으로 된다. 특히 여성들은 자녀들의 양육 문제에서 상대적으로 더욱 많은 가정 책임을 갖게 되는데 이는 전시상황에서 혁명의 사업과 필연적으로 모순이 생기게 된다. 가정이 있는 여성들이 혁명 사업과 가정 사이의 관계를 어떻게 잘 처리하는가 하는 것은 이 시기 작가들이 회피할 수 없는 문제로 나서게 된다.

『개마고원』에서 어덩쇠의 아내 금녀는 해방 후부터 여맹위원으로 마을에서 활약상을 보인다. 전쟁이 일어난 후 그는 자기의 아이들을 건너 마을 친정으로 보내고 기타 여맹원들과 함께 마을의 방아간을 돌본다, 전방에서 건너오는 전사들에게 밥을 지어준다 하며 바삐 돌아다닌다. 그러던 어느 날, 마을은 또 미군의 심한 폭격을 당하게 되는데 폭격이 지난 후 금녀는 속으로는 친정에 맡긴 애들을 은근히 근심하면서도 마을사람들을 구제하는 데만 정신을 집중한. 마을사람들의 구제가 끝나고 정신없이 아이들을 찾아갔던 금녀는 망연자실해지고 만다. 폭격에 친정 집은 온데간데 없어지고 구멍만 뻥 뚫려 있었던 것이다. 어머니로서 자식 잃은 슬픔은 가히 상상할 수 없다. 하지만 금녀는 그 슬픔을 마음속에 꾹 묻어두고 이를 앙다물고 계속 후방원조사업에 나선다.

『향토』에서 분옥이 역시 후방원조사업을 위하여 자기의 딸 명희를 건너 마을 친정으로 보낸다. 전선의 원조사업에 모든 정력을 퍼붓는 그는 딸을 생각할 겨를도 없었다. 한차례의 폭격으로 친정 집은 폐허로 되고 그의 어머니와 명희도 생명을 잃고 만다. 분옥이는 그 사실도 모른 채 일에만 전념하다가 뒤늦게야 소식을 접하고 아연실색하지만 이내 마음을 가다듬고 복수를 위해서라도 후방 사업을 잘해야 한다고 다짐하며 더욱 열심히 일한다.

두 소설에서 두 어머니는 자기들이 더욱 열심히 혁명사업에 투입하기 위하여 어린 자식을 친정에 맡겨둔다. 하지만 무참한 폭격은 자식들의 생명을 앗아가고 마는데 어머니들의 슬픔도 잠시뿐 그들은 이내 정신을 가다듬고 더욱 열심히 후방원호사업에 나선다. 이들은 모두 비통을 역량으로 승화시킨 강인한 여인들이다.

강인한 어머니 상은『조국』에서 안태하의 어머니를 통해서도 알아볼 수 있다. 안태하의 어머니는 비록 금녀와 분옥이처럼 자식을 잃은 고통을 갖고 있지는 않지만 적들의 잔혹한 고문에 굴복하지 않고 강인함을 드러내는 혁명적인 어머니의 전형으로 그려졌다.

탄광 마을에 적들이 들어왔을 때 안태하의 어머니는 미

처 피신을 하지 못하고 마을에 남게 된다. 적들이 마을에 들어와 욱실거리지만 태하어머니는 두려움을 나타내지 않는다. 태하어머니는 함께 마을에 남아있는 문첨지를 통하여 빨치산에서 곧 쳐들어오게 될 것이라는 것을 알게 되고 자기네 집에 든 한국군에게 많은 정보를 알아낸 다음 그 정보를 문첨지를 통하여 빨치산에 알리기도 한다. 그러던 어느 날 자기집에 들었던 한국군 소위가 간밤에 납치당하고 마는데 집주인인 태하어머니가 혐의를 받아 붙잡혀 들어가게 된다. 뒤이어 끔찍한 고문이 끊이지 않는다. 하지만 태하어머니는 요지부동한다.

> 그때에야 어머니는 그것이 전기고문이라는 것을 짐작했는데 눈앞이 아뜩해지고 자신도 모르게 경련이 일어나며 전신이 와들와들 떨리였다. 파란 눈으로 어머니의 얼굴을 들여다 보던 중위는 어머니의 숨결이 높아지며 퍼그나 지쳤다는 것을 알아 보자 통역에게 "빨갱이들이 어디 있는가? 국군 소위를 잡아간 것이 누군가?"고 물어보라고 말했다. 코수염이 달린 통역은 그대로 말했다. "나는 모른다. 몰라. 이놈아, 어서 죽일라면 죽여라…"어머니는 가쁜 숨을 쉬며 이렇게 대답했다. …중략… "모른다, 몰라. 이 개놈들

아… 이 백정놈들아, 네 놈에게는 에미도 없느냐, 이 발한 당놈들아." 어머니는 숨결이 가빴으나 그의 목소리는 역시 우람찼다. 전기는 또다시 통하고 어머니의 몸은 반 길씩 떠올랐다. 어머니는 귀가 딱 메이고 눈앞이 팽팽 돌아 가며 앞에 있는 놈들이 조그맣게 멀어져 보였다. 전류가 늦추어지고 또다시 같은 질문이 계속 되였다.

(『조국』, 296-297쪽)

어머니는 간밤에 들리는 목소리를 듣고 납치해간 사람이 빨치산임을 짐작하지만 모진 전기고문이 가해져 의식이 잃을 때까지도 정보를 꼬물만치도 제공해주지 않는다. 용케 고문을 이겨내고 감방에 갇힌 태하어머니는 또 함께 갇힌 마을사람들에게 두려워하지 말고 용감하게 싸워 나갈 것을 호소하며 그들에게 승리의 신심을 안겨주기도 한다. 이렇게 전쟁 전에는 평범하기만 하던 태하어머니가 전시에는 평범하지 않은 혁명적인 어머니로 변모하여 강인함을 나타낸다.

이외에도 적군이 앞에 있는 것도 모르고 사람들이 제 발로 찾아 들까 봐 걱정이 되어 아들을 데리고 숲 속에서 길목을 지키며 오가는 북한 군인이나 후퇴하는 사람들에게 길을 가르쳐 주는 『조국』의 이름 모를 아주머니, 자기는 늙은 몸이

어서 전투에 참가할 수 없으니 전쟁물자를 마련하는 데라도 보태 쓰라고 은가락지를 선뜻 뽑아주는 애국심이 강한 『개마고원』의 할머니 등도 모두 전투 영웅은 아닐지라도 조국의 고난 앞에서 자기의 한 몫을 공헌하려는 조국을 사랑하는 여인들로 형상화된다.

1950년대 북한의 전쟁제재소설을 보면 용감하고 강인한 여성들의 형상이 상대적으로 많이 등장한다. 피해의 대상으로만 여겨지던 여성들이 사회에서 활약상을 보이는 것은 당시 사회의 절박한 필요성 때문일 것으로 보인다. 비록 북한에서는 1946년 《남녀평등기본법》이 제정되면서 법적으로 여성의 권리가 보호받게 되었으나 기존의 가부장적 질서가 강하게 작용하고 있던 당시 북한사회에서 실제 생활에는 크게 영향을 미치지 못하였다. 이런 와중에 전쟁이 발발하였다. 전쟁으로 여성노동력이 필요하게 되었고 여성의 사회진출을 권장하는 국가 정책과 더불어 가정 내에 머물던 여성들이 사회적 활동을 할 수 있는 기반이 마련되었다. 전쟁 당시에는 전후 물자 조달과 지원의 후방 사업에 여성의 동원은 필수적이었다. 또한 전쟁으로 남성 중심의 수많은 사상자 발생과 인구이동 등으로 북한은 성비불균형이 나타났다. 전후 복구를 위한 필요노동력의 증가와 남성 노동력의 부족현상으로 여성의 사회진출 및 경제활동은 국가적 요구 사항이었다. 따라서 국가차원에서 여성노동자의 사회진출을 유도하기 위한 노력은 지속적으로 진행되었다.[5] 전쟁제재의 작품들에서 여성들이 남성들 못지 않은 기질을 갖고 활약하는 모습은 바로 전시 전쟁에 극구 동원되어야 할 필요성과 전후 사회복구건설에서의 절실한 노동력 수요로 인하여 여성들의 참여가 필요했기 때문이다.

북한은 특별하고 비범한 영웅적 인물을 통한 애국주의 실현이 아니라 일반 인민들의 구체적 생활을 통해 대중적인 영웅들을 찬양할 것을 요구했는데 작품에서 남성이 아닌 여성을 세워 주동적인 역할을 그리는 일은 당시 제창하던 '대중적 영웅주의'창작방법론을 실현하는 가장 적절한 방법이라고 할 수 있다. 물론 소설에서 드러나는 한결같이 적극적이고 혁명적인 전투 여성의 형상은 당시 모든 북한여성의 삶에 대한 자연스러운 반영으로 보기 어렵다. 그것은 조국해방전쟁이라는 민족의 과업이 놓여진 현실 속에서 일상의 삶이 주는 고단함과 피폐한 일상의 구체적 삶의 모습은 많이 은폐되었기 때문이다.

---

5) 장미성, 「농업협동화시기 농민의 일상과 내면 연구—전후 1950년대 북한소설을 중심으로」, 『학림 제30집』, 116쪽.

현실적으로 볼 때 평범한 민간인이었던 대다수의 여성들은 꼼짝없이 앉은 자리에서 점령군의 학살 대상이 될 수밖에 없었을 것이다. 그러나 달리 생각하면 전쟁이라는 상황은 전통적인 사회의 규범이나 관습의 범주가 해체되고 사회구조와 가치관에 급격한 변동이 일어나게 되는 시기로서 그 동안 남성에게 가려져 있던 여성의 잠재적 능력이 발현될 수 있는 시기이기도 하다.[6] 간호원이든 지하당원이든 혹은 후방의 전투원호사업의 열성분자이든 또 그것이 동원이든 자원이든 전쟁에 의연히 참여한 전투 여성들의 영웅적인 모습은 언제나 북한인민들을 정신적으로 고무격려하는 것이다. 이 시기 소설은 이러한 요구를 반영하고 이러한 여성들을 형상화하고 있다.

---

6) 장미성, 「농업협동화시기 농민의 일상과 내면 연구 —전후 1950년대 북한소설을 중심으로」, 『학림 제30집』, 116쪽.

2. 부정적 인물 유형

1) 침략자 미군

북한인민들에게 있어서 이 전쟁은 '조국 남반부에 기어든 미제침략자들을 격퇴시키는 조국 해방의 정의적인 전쟁'이었다. 때문에 미군은 북한인민들에게 전쟁 발발의 최대의 책임자이기에 최대의 증오의 대상으로 된다. 따라서 작품 속에 부각되는 그들의 형상도 최악으로 그려진다.

1950년대 6·25전쟁 제재 소설들에서 미군이 완정한 형상으로 서술되는 작품은 찾아보기 어렵다. 다만 일부 소설들에서 극히 짤막하게 그들의 형상이 묘사되는데 이런 형상 묘사는 모두 공통적인 특징을 갖고 있다.

우선 미군은 모두 인간이 아닌 동물과 같이 추악하고 우스꽝스러운 외모를 갖고 있다. 먼저 몇 개의 단락을 인용해 보기로 한다.

> 너리먹은 던테자리가 대가리에 숭얼숭얼한 포로들을 보았을 때 점순은 정말 놈들에게 구역이 나는 것을 느꼈다. (무엇때문에 싸우는 줄도 모르고 끌려 다니고 팔려다니는 놈들!) 점순의 눈에는 그들이 마치 이빠디가 모지라지고 톱이 빠져버린 비루먹은 야수와 같이 뵈였다. 그 물거미 뒷다리같은 키, 꾸부정한 허리, 썩은 고지박같은 대갈통, 창끼에 걸린 승냥이 같은 눈깔… 그 골통속에 대체 무엇이 들어 있단 말인가!
>
> (『대동강』, 30쪽)

> 워톤 역시 다른 놈처럼 금방 무슨 일을 끝낸 모양으로 팔소매를 팔굽까지 걷어 올렸는데 길다란 팔뚝에는 털이 잔뜩 났고 역시 멋없이 길다란 열 손가락에는 모두 반지가 끼여 있었다. 만약 그에게 옷을 입히지 않았던들 그는 꼭 남방 더운 지방에 산다는 성성이란 잔내비에 흡사할 것 같

았다.

(『조국』, 77쪽)

쏘알거리는 소리가 들리더니 미군 두놈이 나타나 혁창의 바로 맞은 쪽 둔덕으로 걸어왔다. 하나는 움푹 들어간 눈에다 노란 구레나루가 내솟은 똑 잣나비 같은 놈이오, 또 하나는 눈깔이 까마귀 밥처럼 새파란 땅딸보다.

(『젊은 용사들』, 67-68쪽)

첫 번째 인용문은 한설야의 『대동강』에서 점순이가 인쇄소의 유리창으로 본 북한군인에게 끌려가는 미군포로들의 모습이고, 두 번째 인용문은 박웅걸의 『조국』에서 태하가 붙잡혀 갔을 때 당시 치안대 사무실로 쓰고 있던 병원에서 본 미국 고문 촬스 워톤의 모습이었다. 세 번째 인용문은 『젊은 용사들』에서 권혁창이 적의 진지에 정찰하러 들어갔을 때 본 미군의 모습이다. 이상의 인용문들에서 볼 수 있다시피 미군의 외모는 인간으로서의 외모가 아니라 '승냥이', '잔나비' 등 동물의 양상을 하고 있는 야수같은 존재였다. 작품 속에서 이들의 외모는 늘 '대갈통', '징그럽다', '놈', '승냥이' 등과 같은 부정적인 단어들로 표현되면서 극히 과장되고 부정적으로 그려졌다. 그것은 미군이 그만큼 뼈에 사무치도록 미운 존재이기 때문이다. 여기에는 작가들의 주관적인 감정 색채가 많이 침투되었던 바 미군에 대한 적개심과 증오의 감정이 강하게 드러나고 있다.

다음, 추악한 외모와 함께 미군은 주색잡기에 눈이 어둡고 하는 행동 또한 잔인하기 그지없다. 게다가 그들은 모두 탐욕스럽다. 미군의 잔인성은 주로 후방인민들의 생활을 그린 소설에서 많이 나타난다. 전쟁의 제2단계에 유엔군의 대규모적인 인천상륙작전으로 북한군이 후퇴하게 되고 많은 미군들이 거침없이 도시나 마을에 진주하게 되는데 그들은 가는 곳마다 행패를 부리고 아이고 어른이고 상관없이 마구 죽인다. 특히 소설에는 꼬물만치 반항할 수 있는 힘도 가지고 있지 않은 무고한 어린이들을 눈 한번 깜짝하지 않고 죽이는 장면이 많이 나타난다.

> 점순이가 맨 먼저 본 것은 웬 중년 부인이 길 한편 전보대곁에 풍덩 주저앉은 채 네댓 살 된 어린아이를 붙안고 있는 광경이였다. 다음 순간 점순은 어린이 얼굴에 튀여 나온 검붉은 두 눈알을 보았다. 그것은 어린이 얼굴보다 더 큰 것처럼 끔찍한 인상으로 점순의 시선을 칵 들이찔렀다.

어린이 어머니는 벌벌 떨리는 손으로 어린아이의 빠진 눈알을 제 자리에 밀어 넣으려고 무진 애를 쓰고 있었다. 어린이의 코에서는 검붉은 선지피가 쏟아지고 있었다.

(『대동강』, 24쪽)

위의 인용문은 『대동강』에서 점순이가 인쇄공장으로 가던 도중 목격한 장면으로 미군 지프차에 치인 어린 인동이 모자의 모습이다. 길만 보고 사람은 보지 않고 미친듯이 달리는 미군의 지프차에 나이 어린 인동은 순식간에 치명상을 입고 쓰러진다. 지프차에 치여 넘어진 아이의 모습은 충격적이었다. 튀어 나온 아이의 눈알을 도로 맞추어 넣으려고 무진 애를 쓰는 인동어머니의 애처로운 모습은 미군의 잔인성을 더 한층 강화시킨다.

바로 최치부의 앞에서 어린 젖먹이 하나가 쓰러져 신음하는 어머니의 젖가슴을 쥐여뜯으며 앙앙 울부짖는다. … 한 놈이 아이가 울부짖는 데로 들먹들먹 걸어온다. 미군이였다. 놈은 오는 길로 씨근거리며 우는 애의 다박머리를 쥐고 냉큼 쳐든다. 어린 애가 악 소리를 지르며 허공에서 다리를 버둥거린다. … 놈은 아이의 가슴에다 권총을 내

대고 땅 쏘았다. 아이의 얼굴이 불빛 속에 확 피여났다. 놈은 또 두 방을 거듭 갈겼다. 놈은 아이를 녀인에게 내던지며 뭐라고 고함을 지른다.

(『싸우는 마을사람들』, 125쪽)

소설에서 미군은 가는 곳마다 학살을 끊임없이 감행하였으며 어른들은 물론 젖먹이 아기까지 놓아주지 않는 인성과 도덕성을 상실한 인간으로 그려진다. 파렴치한 미군들은 가는 곳마다 약탈을 감행하고 여인을 겁탈하고 그것마저 성이 차지 않아 온 가족을 몰살하는 악행까지 저지른다. 아래의 인용문은 『서울사람들』에서 윤기철의 가족이 비극을 당하는 모습이다.

기옥의 눈에 먼저 띄인 건 건넌방 주춧돌 밑에 피투성이가 되여 쓰러져 있는 아버지와 어머니였고 다음에 총을 들고 있는 미국놈과 통역놈과 그리고 지주이며 악질 반동인 최목사의 능글맞은 얼굴이 눈에 띄였다. …통역놈이 울부짖었다. 그러자 안방에서 무어라 형용할 수 없는 녀자의 비명이 오르고 또 련송 엄마를 부르는 어린애의 공포에 지친 목소리가 들려왔다. 이윽고 무엇인가 쾅하고 마루에 엎드려지는 소리가 났다. 옷이 갈기갈기 찢기우고 머리가 흥클어진 형수가 안방에서 밀치여 나와 엎드러진 것이다. 그리고 그 뒤로 얼굴 빛이 창백한 미국놈 한 놈이 따라 나오고 다음에 키가 크고 어깨가 넓죽한 다른 미국놈 하나가 네살난 어린 조카의 등덜미를 덥석 잡아들고 나왔다. 어린 조카는 그 놈의 손을 벗어 나려고 발버둥을 치면서 자꾸만 엄마를 불렀다. 키다리놈은 손을 번쩍 들고 어린것의 발버둥치는 모양을 재미나는듯이 바라보면서 너털웃음을 웃었다. 그리군 마루를 내려서서 여기저기 두루 살피다가 마침 부엌에서 물이 끓고 있는 걸 발견하고 다시 한번 미친듯이 너털웃음을 웃었다……저녁을 지을 마련으로 불을 지펴 놓은 가마 속에선 물이 한창 끓어 넘치고 있었다. 키다리놈은 뚜껑을 발길로 차던지고 거기다가 손에 쥐였던 조카를 철석 쓸어 넣었다. 다만 악—소리 밖에는 다른 아무 소리도 들리지 않았다. 사납게 끓어 넘치는 가마는 어린 몸뚱아리를 악마처럼 집어 삼키였다.

(『서울사람들』, 69-70쪽)

미군은 잔인할 뿐만 아니라 또한 탐욕스럽기 그지없다. 미군에게는 막강한 장비와 기계가 있지만 그것은 전쟁을 위한 도구로 사용하기보다 각 개인의 치부수단으로 만드는 경우가 많다. 『대동강』에서는 미군들이 짜고 들어 저들의 무기를 훔쳐다 팔아 이익을 도모하는 장면이 잘 묘사되어 있다.

미군의 탐욕성은 『조국』에서 미군 장교 워톤의 형상으로 잘 나타난다. 잔인할 뿐만 아니라 탐욕스럽기 그지없는 워톤은 무수히 많은 사람들을 죽였을 뿐만 아니라 재부를 끌어모으는데 눈이 뻘겋다. 그는 열손가락에 다 금반지를 끼고 있는데 모두 북한사람들에게 약탈해온 것이 아니면 죽은 시체에서 빼 온 것이다. 이렇게 잔인한 워톤이기에 그의 잠자리는 편치 않았다. 그는 한밤중에 악몽에 소스라쳐 놀라 깨어난다. 꿈에 자기가 오크랜드시에 있는 자기집에 휴가를 갔는데 갑자기 공산주의자들의 포탄이 오크랜드 시를 들부수기 시작했다. 그가 부상당한 아내를 끌어 안고 어느 철교 밑으로 뛰어가 내려놓았는데 내려 놓고 보니 그것은 자기 아내가 아니라 북한 어느 거리에서 미국 비행기의 폭격에 죽은 북한 여자의 얼굴이었던 것이다. 그가 그 여자의 얼굴을 그렇게 잘 기억하고 있었던 것은 그 죽은 여자의 손가락에서 금가락지를 뽑으려고 부풀어오른 여자의 손을 단도로 잘랐기 때문이다.

적군의 잔인성과 탐욕성은 비단 참전한 미국군인들뿐만

아니라 그것이 연장되어 그들의 집사람까지도 그런 인물로 묘사된다. 워톤은 사람의 두개골을 아내에게 선물로 보내면서 편지에 그 두개골은 자기가 북한 전선에서 죽인 공산주의자의 두개골인데 자기의 용감성의 상징으로 아내에게 진심으로 주는 선물이라고 하였다. 그러자 그의 아내는 회답 편지에 그런 진기하고 진심이 담긴 선물을 기쁜 마음으로 받았다며 함께 사진까지 찍어서 보냈다. 비록 간단한 한 장의 편지 내용이지만 워톤의 아내가 사람의 두개골을 사람의 생명으로 보지 않고 물건 따위로 간주하는 데서 역시 인성이 없는 사람으로 그려지고 있다.

또 미군은 잔인하고 탐욕스럽지만 기실은 종이 호랑이에 불과하며 전투에서 아주 무질서하고 무기력하며 죽음을 두려워하는 겁쟁이로 묘사된다. 미군의 이런 특성은 보통 최전방을 묘사한 소설에서 많이 나타난다.

> 잣나비 같은 놈이 무어라고 소리 지르면서 땅딸보의 손에서 무엇인지 빼앗고 그 멱살을 잡아 흔들더니 가버렸다. 땅딸보는 잣나비를 따라가며 씨근거리고 두덜대고 한다. 조금 있다가 괴뢰군 놈이 쌀가마니를 지고 가면서 "밤엔 계집 놀음, 낮엔 화투 놀음, 양키 상관의 팔자가 제일이

로구나!" 이렇게 한탄했다. …중략… 그 모포옆에는 돼지같이 뚱뚱한 미군 한 놈이 카빙총을 멘채 앉아 있는 것이였다. 그 놈은 그냥 앉아 있는게 아니라 고개를 가슴 속에다 박고 노도 없이 자꾸 배를 젓고 있었다. 다시 말하면 꿈 나라로 들락날락 하고 있었다. 그 미국 비게덩어리를 잡아치우지 않고서는 앞으로 나갈 수 없었다. …중략… 다음순간 미국 놈은 네 활개를 쫙 폈다. 미군 보초놈을 꿈나라로부터 곧장 "천당"으로 보낸 습격조원들은 다시 질서를 수습했다.

(『젊은 용사들』, 67-71쪽)

위의 인용문은 『젊은 용사들』에서 소대장 권혁창이 몇몇 대원들을 데리고 적의 진지에 정찰하러 들어갔을 때 만난 미군병사들이다. 그들은 비록 군인이랍시고 군복은 입고 있지만 보초도 제대로 서지 않고 게으름만 피우는 무질서한 대오이다. 게다가 그들은 자기들끼리 작은 일로 아귀다툼을 하기가 일쑤이다.

또한 미군은 덩치만 억대우같이 컸지 아주 아둔하고 무기력하여 날렵한 북한군인들에게는 허수아비같은 존재이다. 『고지의 용사들』에서 묘사된 한차례의 전투장면을 보기로 한다.

> 중대장은 전사들의 선두에서 그들과 같이 싸웠다. 그는 동굴 좌측에서 다섯 놈이 대항하는 것을 보고 그 쪽으로 달려갔다. …중략… 적 다섯 놈도 완강하게 불질을 하였다. 그는 두터운 입술을 크게 벌리고 만세를 부르며 따바리총을 휘둘러 적을 까눕혔다. 그의 따바리 총신에 맞아 네 놈이 죽고 한 놈은 땅에 앉아서 부들부들 떤다. 중대장은 그 놈의 머리 우에 따바리 총탁을 높이 들었다. 적은 놀라서 소래기를 지른다. 놈은 유난히 꼬부라든 매부리코를 가진 젊은 작자다. 쑥 들어간 눈물 고인 파란 눈이 공포에 싸여 번득거렸다. 중대장은 쳐들었던 총탁을 내리쳤다.
>
> (『젊은 용사들』, 146쪽)

미군은 무기 장비가 좋고 인원수는 많았지만 전장에서 모두 허수아비같이 무기력한 존재로서 북한군인 한 사람이 가히 적군 다섯 명을 소멸할 수 있었다.

적군의 비겁함은 또 전장에서 무서워서 벌벌 떨고 살려 달라고 애걸복걸하며 북한군인들의 전투 후의 웃음거리로 나타나기도 한다. 『서울사람들』에서 기철이는 자기가 정찰을 나갔다가 가져온 무기를 자랑하며 무기를 가지고 있지 않은 자기들이 적의 정찰병들에게 날창을 가지고 달려들면서 냅다 소리를 지르자 놈들은 겁이 나서 모두 무기를 버리고 도망을 쳤다고 자랑스럽게 얘기를 한다. 『젊은 용사들』에서도 정치부중대장은 전장에서 미군이 겁이 나서 오줌을 싸는 이야기로 사기가 떨어지고 있는 전사들에게 힘을 심어준다.

이상 살펴본 바와 같이 미군은 외모부터 우스꽝스럽게 생긴 괴물들이다. 그들은 탐욕스럽고 잔인하기 그지없는데 인성과 도덕성이란 꼬물만치도 가지고 있지 않다. 그들의 이런 잔인함과 탐욕의 본성은 그들 군인뿐만 아니라 그들 가족들한테까지도 연장된다. 이런 탐욕과 잔인성의 묘사는 북한 인민들에게 대미 증오심을 자아내도록 한다. 또한 미군은 겁쟁이로 많이 묘사되는데 그들은 질서도 없고 자기네끼리 아귀다툼하기가 일쑤이며 더욱이 전장에서는 아주 무기력하다. 적들의 이런 비겁함에 대한 묘사는 사람들에게 적들이 비록 막강한 장비와 무기를 갖고 있지만 이런 겁쟁이들은 충분히 싸워서 이길 수 있다는 믿음을 갖도록 한다.

2) 전쟁터의 한국군

한국군은 작품 속에서 보통 '국방군' 혹은 '리승만 군대', '괴뢰군' 등으로 지칭되고 있다. 미군의 형상이 완정하게 부각되지 않은 것과 마찬가지로 한국군의 형상 역시 완정한 형상으로 등장하지 않으며 작품에서 차지하는 비중도 극히 적다. 한국군은 보통 미군의 번역관이나 보초병으로 등장하는 경우가 많은데 언제나 미군에게 붙어 다니는 초라한 존재로서 역시 비겁하고 잔인한 성격을 지닌 인물로 형상화되고 있다.

『대동강』에서 한국군 공병을 '리승만 군대 공병', '미군의 노예 된 것을 달게 여기는 썩은 인간들', '더러운 짐승들의 졸개인 리승만의 강아지들'로 표현한다. "어깨가 쩍 벌어지고 돼지 목통같이 받고 목덜미에 칼 맞은 자리가 있는" 외모부터 추악한 정훈 장교는 미국 선교사의 양자 노릇을 하면서 영어를 익숙히 잘 알고 근력도 좋은 까닭에 선교사 부인의 총애를 받아 미국까지 다녀온다. 그는 선교사의 양자였다는 이유로 '리승만 괴뢰군의 정훈장교'가 되었으며 이것을 기회로 졸개들을 시켜서 군용 물자를 훔쳐다 팔아먹고 뇌물을 받고 군인들을 승진시켜주고 또 미군들이 도적질해서 갖고 온 물건의 거간 노릇을 해서 배를 불리는 탐욕스러운 인간이다. 게다가 그는 "남조선의 많은 애국자들을 잡아다 죽였고 조선 군인들의 후퇴시기 평양까지 들어오는 동안에 도처에서 살인의 모범"을 보인 인물로 형상화된다.

『싸우는 마을사람들』에서 한국군 소령 박일용은 미군의 소위 '미국정책'에 머리가 마비되고 계집과 술밖에 모르는 위인으로 등장한다. 미국사령관의 통역인 그는 미군을 따라 다니면서 소위 미국정책을 떠벌리고 다니는 허위적인 사람이다. 주색을 즐기는 그는 개안마을에 들어오자 경찰대장인 신치교에게 '장가' 보내달라고 은근슬쩍 눈치를 주지만 상대방에서 오랫동안 소식이 없자 술자리에서 이에 대한 불만을 터놓는다. 눈치 빠른 신치교가 자기의 작은 첩을 미끼로 보내면서 자기가 미워하고 있던 지주 황달훈을 제거해줄 것을 요구하자 여색에 눈이 어두운 박일용은 그 일을 짧은 시간 내에 해결해준다.

한국군의 장교들은 전사들의 생사를 아랑곳하지 않고 먹고 놀기만 좋아하며 미련한 무식쟁이이기도 하다. 『조국』에서 한국군과 미군이 탄광 마을에 쳐들어왔을 때 안태하의 집에는 한국군 장교 한 명과 전사 두 명이 승낙도 받지 않고 들게 된다. "돌밭에서 자란 호감자같이 생긴" 장교는 한국군 병사들을 머슴같이 부려먹으며 그들의 생사에 아랑곳하지 않는다. 이는 북한군인 간부들이 자기의 전사들을 사랑하는 것과 선명한 대조를 이룬다. 한국군 지휘관이 태하 집에 자리를 정한 뒤 마을에서 이불을 약탈해올 것을 강요하며 자기는 매일 저녁 술을 마시고 밤늦게 들어와 코를 드렁드렁 골며 잠을 자면서도 한국군 병사들에게는 한밤중에도 꼼짝 말고 밖에서 보초를 설 것을 강요한다. 만약 조금이라도 그의 말에 복종하지 않으면 호된 벌을 안기기도 한다. 한국군 장교는 이렇게 미욱하고 인성이 없을 뿐만 아니라 또한 무식쟁이다. '박사'라는 별명을 가진 한국군 병사가 태하의 책장에서 『강철은 어떻게 단련되었는가?』라는 책제목을 보고 이 집 아들이 강철을 만드는 기사라는 것을 알아냈다고 좋아하자 한국군 장교는 그 병사에게서 책을 휙 빼앗아 들여다 보고는 역시 강철 기사가 틀림없다고 하면서 그것도 빨갱이 기사라는 판단을 내린다.

> "소위님, 그 자식두 빨갱입니까?" 박사라는 별명을 가진 졸병이 이렇게 물었다.
>
> "물론 빨갱이지, 여기야 빨갱이 소굴인데 빨갛지 않은 게 있나 말이야. 빨갱이는 똥을 싸두 새빨간 똥을 싼단 말이야."
>
> "그래두 소위님, 원산서 잡은 빨갱이르 보이까 옷이랑 다 빨갛지 않드니더. 얼굴두 우리하구 꼭 갇드니더… 소위님이 그때 말씀하실 때는 빨갱이는 얼굴두 빨갛구 옷두 빨

갚다구 하시드니끼…" 애숭이 전사가 이렇게 말했다. 신입 대원인 그는 공산주의자가 정말 새빨갛게 생겼으리라고 믿었는데 그것은 리 승만 도배들이 촌에서 자라난 순진한 그들의 머리 속에 이렇게 불어 넣었기 때문이었다. 그래서 비단 이 애숭이 뿐만 아니라 이 부대의 많은 졸병들이 진정으로 그렇게 생각하고 있었던 것이다.

"이 자식아, 그건 우리가 쳐들어 오니까 무서워서 옷이랑 다 갈아 입었단 말이야. 말할 놈의 자식."

(『조국』, 243쪽)

위의 인용문은 한 면으로는 한국 군인의 무식함을 보여주면서 한 면으로는 그들도 이승만의 사상에 영향을 받고 전장에 나선 피해자라는 것을 설명하기도 한다.

괴뢰군에 불과한 한국군은 싸움에서 미군처럼 비겁하고 무기력한 것으로 표현된다. 그들은 군대로서의 규율도 가지고 있지 않으며 미군들의 강압에 의해 기계적으로 움직이기만 한다. 그렇게 억압을 받으면서도 그들은 괴뢰군이기에 감히 반항도 못하는 겁쟁이다. 따라서 소설에는 늘 한국군이 미군에 대해 불만을 나타내는 장면이 그려지며 심지어 『젊은 용사들』에서는 한국군 두 명이 미군의 학대에 못 이겨서 북한군인 쪽으로 투항해오기까지 한다.

북한의 전쟁제재소설에서 북한과 대등한 대결의 대상은 늘 미군이다. 남쪽 이승만의 정부는 괴뢰라는 평가를 받는다. 하지만 한국군 역시 전쟁에서의 적수이기에 그들의 형상은 미군형상만큼은 아니더라도 역시 부정적으로 묘사된다. 괴뢰군인 한국군은 미군에게 종속된 존재로서 미군의 명령에 따라 행사하고 미군에 빌붙어 사는 초라한 형상으로 많이 등장한다. 그들은 자기들을 무시하는 미군에게 불만을 갖고 있지만 감히 대항하지 못한다. 그들은 주색을 즐기고 미련하고 무식하다. 게다가 겁쟁이이기도 하였다.

그런데 여기에서 특기할 만한 것은 일부 소설에는 한국군인에 대해 연민의 정을 나타내는 부분이 있는 것이다. 『조국』에서 한국군 장교와 함께 안태하의 집에 들게 된 애송이 한국군 연락병은 날이 감에 따라 태하의 어머니와 점점 가깝게 지내게 된다. 비록 '한국군'이긴 하지만 나이 어린 것이 강제로 끌려 나와 고생하는 일이 불쌍해서 어머니는 늙은이다운 호의로 그를 대하면서 때때로 삶은 감자도 집어 주고 양말짝도 기워 주기도 한다. 애송이 전사도 태하어머니에게 고향의 제 어머니와 같은 사랑을 느끼며 소위가 없을 때면 어머니와 같이 불을 때 주며 제 고향이야기도 하곤 한다. 애송이가 한국군 장교에 대한 불평을 늘어놓으면 어머니는 “한창 좋을 꽃 나이에 그 몹쓸 놈들이 아니면 왜 이 고생을 할꼬”하면서 위로해주기도 한다. 이런 따스한 장면은 한국 군인도 전쟁의 피해자로 간주하면서 연민의 정을 나타내기도 한다.

『향토』에서는 북한군인이 자기가 전장에서 겪었던 일을 다른 전우들에게 말해주는 장면이 나오는데, 그 일인 즉 전장에서 한국군과 날창을 꽂고 육박전을 벌릴 때 한 한국군인이 자기는 그를 죽일 생각이 없으니까 그에게도 자기를 죽이지 말라고 했다는 것이다. 이런 장면 역시 한국군도 강제로 끌려 나왔기에 동포를 죽이는 것은 그들이 원치 않는 일이라는 것을 말해주기도 한다.

『조국』과 『향토』는 모두 전후에 창작된 작품인데 남북의 대립관계가 심각한 1950년대에 극히 적으나마 이런 따뜻한 장면이 나올 수 있었던 것은 전후 상대적으로 자율적인 분위기가 있기에 가능했을 것으로 보인다.

3) 미군 앞잡이 치안대와 경찰

치안대란 6·25전쟁 당시 미군과 한국군이 삼팔선 이북으로 진격하면서 이북의 마을과 도시에 만들어 놓은 치안조직으로 미군과 한국군, 그리고 과거 월남하였다가 다시 고향으로 돌아간 사람을 중심으로 해방 이후 계속하여 그 마을에 살고 있었던 사람들을 묶어 만든 것이다. 치안대원은 그 마을에서 해방 이후 5년간 토지개혁이나 인민위원회 등에 참여하여 열성적으로 북한의 정책을 옹호하였던 사람들을 색출하는 작업과 후퇴하는 북한군을 추격하는 일 등을 하였다.[7] 소설에는 치안대나 경찰의 형상을 한국군이나 미군의 형상보다는 상대적으로 많은 필묵을 들여 묘사한다.

천세봉의 『싸우는 마을사람들』에서 개안마을은 미군과 한국군에 의해 점령되면서 해방 전에 권세를 부렸던 지주 황달권의 형제들이 미군의 지시에 따라 치안대를 조직하여 마을에서 다시금 행패를 부리기 시작한다. 서울에서 중학 공부를 마치고 개안마을에서 과수원을 하며 살던 치안 대장인 황달훈과 북한군의 동원을 기피하고 도망갔던 그의 동생 황달기는 자기들의 세상이 왔다고 권총을 꼬나 들고 위세를 부린다. 그들은 그간의 원한을 풀겠다고 벼르면서 토지개혁 때문에 받지 못했던 5년치 소작료를 곱으로 붙여서 받겠다고 마을사람들에게 으름장을 놓는다.

마을에서 인색하고 교활하고 욕심 많기로 유명한 개포

---

7) 김재용, 『북한의 분단문학』, 소명출판, 2003, 264쪽.

수 신치교 역시 5년 동안 땅에 떨어졌던 모든 권세가 일조에 회복됐다고 생각하면서 기회를 놓칠세라 미군과 한국군에게 온갖 아첨을 다 하면서 그들이 시키는 모든 임무를 잘 수행한다. 그리하여 경찰대장이라는 '벼슬'까지 얻게 된다.

마을에 들어온 미군은 '빨갱이'들을 수소문하기 위하여 마을사람들을 잡아다가 끔찍한 고문을 들이댄다. 마을 간부들 즉 '빨갱이'들의 행방을 알아낼 수 없자 그들은 또 그들의 가족들을 몽땅 잡아다가 무리로 학살을 감행한다. 지어는 산 사람을 집에 가두어놓고 불을 지르기까지 한다. 적들이 들어온 후부터 마을에서는 고문이 쉴 새없이 이어지고 무고한 마을사람들의 시체가 무더기로 쌓이는데 이 모든 것은 치안대와 경찰이 미군의 지시에 따라 저지른 악행이었다.

치안대와 경찰대는 비록 마을에서 마음대로 행패를 부리며 위풍당당해보이지만 미군에게 있어서 한 개 '앞잡이'에 불과하였다. 미군은 그들이 자기들을 도와준다고 고마운 마음으로 '공손'하게 대하는 것이 아니라 오히려 심부름꾼으로 마구 부려먹기만 하고 때로는 그들을 조롱하기도 하고 위협하기도 한다. 소설에는 미군이 신치교의 넥타이를 가지고 조롱하는 장면을 재미있게 그리고 있다.

한 놈이 노란 털이 부두두한 손으로 신치교의 나비 넥타이를 날쌔게 쥐였다. 고무줄이 찔 늘어났다. …중략… 그는 얼굴이 빨갛게 되여 고무줄이 끊어질가보아 놈이 당기는대로 엉거주춤이 기여간다. 그래도 놈은 짖궂게 웃으며 놓지 않는다. 경찰대 졸개들 속에서까지 키득키득 웃는 놈이 있다. 넥타이는 종시 떨어져버렸다. 놈은 떼낸 넥타이를 제 목아지에 대보며 빙긋 웃는다. "으음, 이거 롱거리론 과한 걸… 과한 걸…" 신치교는 얼굴에 똥바가지를 쓴 것만치나 수치스러워 어쩔줄을 모른다. 그러나 "미국 상전"인지라 감히 어쩔 수가 없다. 넥타이는 다른 놈이 또 채가더니 이번엔 제 이마빼기에 대보며 웃는다. 결국 두 놈은 넥타이를 못쓰게 만들어 테블 위에 굴려 놓았다.

(『싸우는 마을사람들』, 64-65쪽)

명색이 경찰대장인 신치교는 자기의 졸개들 앞에서 수모를 당하게 된다. 자기들을 심부름꾼처럼 부려먹으면서도 오히려 무시하고 조롱하는 미군에 대하여 신치교는 불만이 많았지만 그들이 '미국 상전'인지라 찍소리하지 못하고 울며 겨자 먹기로 모든 것을 받아들이는 수밖에 없다. 그러면서 그는 미국 사람이 오지 않았다면 자기가 어찌 경찰대장까지

될 수 있었겠는가 하며 자기 위안을 하기도 한다.

치안대와 경찰은 미군에 아첨하며 그들의 지시에 따라 악랄한 행위를 하는 비굴한 형상으로 부각될 뿐만 아니라 자기들끼리 아귀다툼을 하는 추한 모습까지 보인다.

해방 전에 개포수 신치교는 재력만으로 지주 황달권을 비롯한 황씨 네 집과 대등하게 살아왔지만 '문벌'이 한수 떨어져서 밀렸다. 미군이 들어오면서 다시금 자기들의 세상을 맞게 되자 신치교는 그전에 황달권을 시기했던 것처럼 그의 사촌 동생인 치안대장 황달훈에게도 적대적 감정을 품게 된다. 황달훈 또한 자기 체모를 높이려고 시키지도 않은 노릇을 하면서 다니는 신치교가 눈에 든 가시로 보였다. 산중에 왕을 둘이나 둘 수 없듯이 그들은 서로 세력다툼으로 앙앙불목한다. 그러다가 꾀 많은 신치교는 자기의 작은 첩을 미끼로 미군사령관의 통역인 박일용이한테 황달훈의 온갖 행실을 일러바친다. 아첨하는 데는 신치교보다 한 수 낮은 황달훈은 집에서 내복바람으로 끌려 나와 총살당하고 만다. 이튿날, 형의 죽음에 원통하여 신치교를 찾아가 대들던 황달기마저 같은 방법으로 횡사하고 만다. 이렇게 소설은 미군 앞잡이들인 신치교, 황달훈 형제 간의 내부 충돌과 그들의 운명의 말로 등을 통하여 치안대와 경찰의 비굴함을 표현한다. .

황달훈 형제와 신치교가 자기들의 해방 전의 위세를 회복하려고 치안대를 조직하고 경찰이 되었다면 『조국』에서 송덕기는 자기의 사리사욕을 채우려는 깨고소한 생각에 치안대장이 된 사람이다. 송덕기는 '순풍에 따라 돛을 다'는 교활하면서도 '불쌍한' 인물로 부각된다. 철도공사 판 십장에서 청부 업자로, 목재판 목상으로 일본 놈에게 등을 대고 절반은 사기와 투기로 재산을 모은 아버지의 덕택으로 고등상업학교를 졸업한 그는 당시 일본사람들이 경영하던 회사에 들어가 약은 수완으로 2년도 안되는 사이에 신임을 얻어 원래의 경리 과장을 밀어내고 자기가 그 자리를 차지하게 된다. 그는 일본사람의 비위에 맞추기 위해 창씨개명을 하고 자기뿐만 아니라 가족에게도 일본식 생활방식을 강요하였다. 일제가 망하자 그는 자기가 갖고 있는 기술 덕택에 탄광의 부지배인이 되었지만 노동자들의 신임을 얻지 못하고 도리어 그의 관료주의 작풍 때문에 경리과장으로 밀려나기까지 한다. 모든 일이 자기 뜻대로 되지 않자 남으로 가지 못한 것을 후회하던 와중에 전쟁이 발발하고 북한군이 후퇴한다는 소식을 듣게 된 그는 자기가 오매에도 그리던 세상이 올 것이라는 것을 예측하고 탄광이 후퇴를 시작한 날부터 병을 칭하고 미군과 한국군을 맞을 준비를 한다. 제딴은 미군이 들어오면 탄광을 손쉽게 자기의 손에 넣을 수 있다는 깨고소한 생각을 하였던 것이다. 그리하여 미군이 들어온 날부터 온갖 아첨을 다한다. 그는 자기가 원래 탄광의 경리과장이었다는 사실이 탄로날까 봐 노심초사하면서 미군과 한국군이 주는 모든 지시와 부탁을 훌륭히 완성하는데 그 많은 지시와 부탁을 노트에 잔뜩 적어 가지고 다니면서 자기가 신망을 살 수 있고 자기의 출세의 길이 트일 수 있는 그런 것들을 골라 먼저 집행한다. 이러한 송덕기였기에 그는 이내 마을의 치안대장으로 '승진'한다.

치안대장이 된 그는 미군 고문의 명령을 받고 잡혀온 탄광촌 사람들을 취조하고 안태하와 김노인한테 총구를 들이댄다. 이것은 미군 고문 워톤이 그가 빨갱이가 아니라는 사실을 증명해 보이라면서 제안한 사항들이다. 하지만 처음으로 총을 잡아보는 송덕기는 사람을 바로 쏘지 못하고 태하와 김노인이 탄광 속으로 뛰어 들어가게 하는 사고를 치르고 만다. 치안대장으로써 송덕기는 미군이 바라는 바의 좋은 성과를 이룩하지 못한다. 그것은 송덕기의 장기가 아니었고 그가 원하는 것은 치안대장이 아니라 미군의 지지를 얻어 탄광을 자기 소유로 만들게 하는 것이었기 때문이다. 하지만 어느 날 탄광은 몸집이 뚱뚱한 낯선 사람이 와서 인계하게 되고 상황은 자기가 생각한 것과는 달리 비뚜로 나아가고 만다. 송덕기는 후회막급 하였다. 하지만 미군이 권세를 장악하고 있던 당시의 상황에서 생존을 위해서라도 하는 수없이 치안대장의 작업을 잘 수행해 나가야만 했다.

이렇게 소설에서 치안대장으로써 송덕기는 자신의 생존을 위하여 부는 바람에 따라 돛을 다는 교활한 사람으로 등장한다. 그는 자기의 배짱을 채우기 위하여 미군 앞잡이로 나서서 미군이 시키는 모든 일을 꼬박꼬박 다 수행하지만 결국 그의 타산은 수포로 돌아가게 되고 그는 미군의 일개 심부름꾼으로 장기가 아닌 치안대장의 직책을 계속해 나간다.

치안대원이나 경찰이 된 사람들의 신분을 보면 모두 해방 전에 일정한 권세나 재산을 가지고 행패를 부리던 사람들인데 해방을 맞이하여 토지를 몰수당하고 기존의 기고만장하던 권세를 잃게 된 사람들이다. 그들은 울며 겨자 먹기로 북한정권 하에서 눈치를 보아가며 조심스럽게 생활해 나간다. 하지만 전쟁 발발과 더불어 그들은 다시 원래와 같은 생활을 누릴 수 있는 기회를 가졌는데 그것을 되찾으려면 당시의 구세주였던 미군의 지지가 필요하였다. 그리하여 그들은 미군의 앞잡이로 나서면서 미군의 명령에 따라 각종 악행을 벌리는데 작품 속에서 흔히 희화화된 형상으로 등장한다.

치안대나 경찰은 작품에서 종국적으로 맞을 수 밖에 없는 비참한 결말을 맞고 만다. 비록 이런 형상들은 다른 부정인물 형상보다 필묵을 많이 들여 보여주었다. 이들에 대한 묘사가 많은 이유는 후방인민들의 꿋꿋한 모습을 그들과 대결하는 모습을 통해 보여주기 위해서였다.

3. 특수한 인물 유형

위에서 완전히 대립되는 두 가지 유형의 인물형상들에 대해 살펴보았다. 1950년대 6·25전쟁제재 소설에는 이런 주류적인 인물들의 긍정적 혹은 부정적 형상과는 달리 여러 가지 성격 특징을 지닌 특수한 인물유형들도 많이 등장한다. 이런 특수한 인물들은 보통 소설 속에서 주인공이 아닌 부차적인 인물로 등장하는데 그들의 다양한 성격 특징은 현실에 존재하는 인물들의 성격에 대한 투영으로 작품의 현실성을 한층 보장해주었다.

1) 낙후한 북한군인

앞에서 살펴본 바와 같이 북한군인들은 전장에서 전화의 세례를 받으면서 무비의 용감성을 갖춘 것으로 나온다. 그들은 견인불발한 의지를 가지고 있고 강렬한 집단주의 정신을 갖고 있으며 자기보다 전우들을 먼저 사랑하는 고상한 인격 매력도 갖고 있다. 이런 형상은 6·25전쟁제재 소설에서 보편적으로 부각되는 북한군인의 형상이다. 하지만 소설에는 일부 낙후한 북한군인들의 형상도 부각된다.

『향토』에 등장하는 고영순은 바로 낙후한 군인의 전형이라 할 수 있다. 전쟁이 일어남에 따라 지주계급의 후손인 고영순은 북한군에 참가하게 되고 소위 자리에까지 오르게 된다. 하지만 그는 전장에서 늘 비겁함을 보여주며 도망치기 일쑤이다. 단천전투에서 전세가 자기들에게 불리하게 되자 그는 대원들이 끝까지 사수하자는 것을 마다하고 퇴각명령을 내려 전사들이 여기저기 흩어지게 된다. 상급에서는 그에게 공을 세워 저지른 잘못을 보상하는 기회를 주려고 전투 중 헤어진 대원들을 찾아올 것을 명령한다. 고영순은 흩어진 전사들을 어렵게 찾아냈지만 위험한 상황에 부딪치게 되자 또 그들과 접촉하지 않고 혼자 도망간다. 그 후에도 그는 세

명의 정찰병과 정찰임무를 맡아 공을 세우는 기회를 얻었지만 역시 실패하고 만다. 고영순의 이런 비겁한 행위에 상급에서는 끝내 그의 지위를 빼앗는다.

『도성소대장과 그의 전우들』에서 홍규 상위는 전투에서는 용맹하지만 질투심이 강한 인물로 그려졌다. 소대장인 김도성은 모든 면에서 훌륭하여 늘 상급의 칭찬을 받는데 이는 홍규 상위의 질투를 자아낸다. 그리하여 그는 늘 김도성한테 불만을 드러낸다. 그는 김도성부대의 전사들이 조금만 실수를 해도 그것을 꼬투리 삼아 소대장인 김도성을 나무란다. 김도성이 전투에서 늘 공을 세우자 홍규 상위는 전투 배치를 할 때 아예 김도성소대를 중요하지 않은 위치 배치하여 그들이 공을 세울 기회조차 주지 않는다. 그러던 홍규 상위는 전투에서 총을 맞아 죽게 되는데 운명하기 전 질투하고 시기했던 김도성에게 자기의 잘못을 뉘우치는 말을 한다. 여기서 홍규 상위는 고영순처럼 전장에서 비겁한 행동은 하지 않지만 속이 옹졸하고 질투심이 강하며 공과 사를 구분할 줄 모르는 인물로 등장한다. 그의 이런 결점은 오히려 그로 하여금 살아있는 인간으로서의 형상을 드러내게 한다.

위의 두 인물은 비록 특수한 성격을 갖고 있는 인물로 등장하지만 소설에서 그들이 차지하는 비중과 서술 분량은 많지 않다. 하지만『젊은 용사들』에서 상급 부관 유경모의 형상은 전편에 걸쳐 부각되고 있는바 작품에서 비교적 중요한 자리를 차지하고 있는 인물이다.

유경모는 쌀쌀할 뿐만 아니라 걸핏하면 "이맛살이 북어 껍질 타듯이 오구라 들군 하는" 신경질쟁이이다. 그는 상급 부관으로서 전사들을 아끼고 사랑하는 것이 아니라 오히려 그 직급을 믿고 위세를 부리며 자기 이익만 따지기에 급급하다. 그는 자기의 연대 선동원에게서 기증받을 가치 담배 다섯 통 입수하기 위하여 깜깜한 칠야에 전사에게 심부름을 시켜 가져오라고 하고 그 전사가 늦게 돌아오자 화를 내며 꾸짖는다. 전사가 불복하여 대꾸를 하자 그의 소대장까지 불러와 함께 꾸지람을 한다.

또 유경모는 전사들 앞에서 틀만 차리고 탁상공론만 할 줄 알며 실지 전투에서는 자기 몸 보전에만 신경쓰며 부상을 입었을 때는 엄살이 많아 전사들에게 위신이 꼬물만치도 없는 '위인'이다. 대대로 온지 한 달이 지나서야 처음으로 전초선까지 나간 그는 자기들이 적에게 포위당했다는 소식을 듣게 된다. 이에 그는 전사들앞에서 태연하게 보이려고 했으나 마음이 초조하여 저도 모르게 세 번씩이나 참호로 들어갔다 나갔다 한다. 그는 적정을 살피려고 교통호 둔덕에 올라섰다가 수류탄에 손등을 스치게 되는데 감시선을 나갔다가 금방 되돌아온 전사 리수복에게 이 정황을 소대장한테 보고할 것을 제의한다.

"허—내가 여기 있다는 것을 소대장 동무가 알고 있소?"

"말씀했습니다-- 소대장 동무 곧 오실겁니다--"

"내가 부상당한 이야기도 했소?"

그러자 수복은 진한 눈섭을 치키고 (손등 좀 터진게 무에 대단하다고……)하려다가 하도 어처구니가 없어서 간단히 "안했습니다--" 했다.

(『젊은 용사들』, 54쪽)

포위당한 상황에서 포위망을 빠져나가 적의 배후를 치려고 권혁창과 몇몇 전사들이 변복을 하고 고지를 유경모에게 부탁한다. 하지만 유경모는 그들의 이런 행동이 진지를 고수하지 않는 행위라며 동의하지 않는다. 권혁창 등이 이런 행동의 유효성을 설명하자 유경모는 이내 그 책임을 다른 사람한테 밀어버리고 만다.

"상급부관동무--- 고지 우를 부탁합니다---"

그러자 유경모는 "그런데 여보--- 동무네는 지금 진지방어를 한다는 것을 알란 말이오--- 동무네게 지금 하려는 것은 기동 방어의 전술이라니!" 이같이 열심히 말했다.

"그렇습니다."

"그렇다니--- 고지를 내버리고 어디로 가겠단 말이오--- 진지방어에는 진지를 고수해야 하지 않소 응?"

권혁창은 의외의 일에 부닥쳐서 잠시 어안이 벙벙해졌다. 옆에 섰던 리수복이 하도 딱해서 "좌우간 포위망을 헤쳐야 하지 않겠습니까 상급부관동무!" 이렇게 대들었다.

"그렇습니다. 상급부관동무……" 혁창도 타이르다싶이 했다.

"……어쨌던 적병들이 대복소에 엎드려 있는 이 기회를 놓치면 안됩니다. 한초를 다툽니다!"

"실패하면 어쩔려오?"

"실패하지 않으려고 하는게 아니겠습니까!"답답한듯이 혁창이 대답했다.

유경모는 바삐 돌아서는 그에게 "모르겠소! 중대장이 없는 경우에는 一소대장인 동무가 책임져야 하오!" 하는 것이였다.

(『젊은 용사들』, 54쪽)

'방어'를 단지 '적이 들어오면 막는다'는 문자 그대로의 의미로 생각하면서 탁상공론만 할 줄 아는 유경모는 전투의 지휘관으로서 전투에 도움을 주지 못할 뿐만 아니라 방해만 한다. 그는 소대장 권혁창의 신호 사격과 함께 폭파한 수류탄 소리가 났을 때 리수복의 참호에서 좀 더 안전할 듯한 권혁창의 참호로 달려가다가 날아온 파편에 다리를 다치고 만다.

전투가 끝난 후 취사병이 간난신고를 거쳐 고지에서 귀한 물 한 병을 얻어왔을 때 모든 전사들이 서로를 생각하며 양보하건만 유경모만은 전사의 등에 업혀 지나가면서 그 물을 달라고 파렴치한 요구를 한다. 그는 전투력이 모자라는 정황 하에서도 부상을 빙자하고 전사 한 명을 이틀씩이나 자기 참호에서 시중을 들게 하는데 이는 많은 전사들의 불만을 자아내기도 하였다.

이렇게 유경모는 북한군인들가운 데서도 비교적 특수한 형상으로 등장한다. 상급부관으로서 틀만 차리고 탁상공론만 할 줄 알고 전투를 지휘할 줄 모르는 6·25전쟁제재 소설에서는 보기 드문 인물형상이다. 북한소설에서 대체로 이런 부족한 점이 있는 사람들의 결과는 안좋다. 모병투성이인 유경모는 끝내 한 차례의 회의 끝에 직급이 강등되어 다른 곳으로 조동된다.

이상 살펴본 바와 같이 위의 세 사람은 북한군인들 가운데서도 비교적 특수한 형상으로 그려져 있다. 이 작품들의 창작 시기를 보면 모두 전후에 창작된 소설들이다. 작품에서 이런 특수한 군인 형상이 부각될 수 있었던 것은 전후에 전개되었던 도식주의의 비판 논쟁에 힘입은 결과라고 볼 수 있다. 이런 유형의 인물들의 신분을 볼 때 모두 보통 전사가 아닌 일정한 직급을 가지고 있는 사람들이다. 특히 상급부관 유경모는 탁상공론만 할 줄 알고 사리사욕을 채우는 관료주의 작풍에 젖어 있는 인물인데 이런 인물을 형상화함으로써 관료주의에 대한 비판을 나타내기도 하였다.

2) 소극적인 후방 인민

사람은 모두 생존의 본능을 갖고 있는 만큼 죽음 앞에서 두려움이 나타나기 마련인데 1950년대 6·25전쟁제재 소설에는 이런 인성의 약점을 전승할 수 없는 사람도 많이 등장한다.

『조국』에서 다른 마을의 농민인 금순아버지는 후퇴하는 도중 조희선이 거느린 탄광촌사람들을 만나 그들의 대오에 가입하게 된다. 후방에 도착한 후 탄광촌 사람들은 빨치산을 조직하여 탄광을 탈취하려 하였는데 여기에는 전투 대원의 한사람으로 금순아버지도 임무를 맡아야 하는 상황이 된다. 하지만 금순의 아버지는 처음부터 전투에 두려움을 갖고 소극적인 모습을 보인다. 대오가 탄광촌으로 떠나기 직전 그는 함께 밭머리에 태를 묻고 지내는 최영감에게 자기의 고민을 털어놓는다. 금순아버지는 최영감에게 자기들은 탄광의 노동자가 아닌 만큼 탄광을 해방시키는 싸움에는 노동자들만 참가하고 농민은 이번에는 빠졌다가 이담에 농촌을 해방시킬 때 참가시켜 달라고 군당위원장한테 진정하자고 건의한다. 하지만 그의 이런 생각은 의기가 넘치는 최영감에게 도리어 비판을 받고 만다. 그리하여 금순아버지는 내키지 않았지만 하는 수 없이 탄광해방전투에 참가하게 된다. 전투가 시작된 후 부대장의 돌격 명령과 함께 다른 대원들은 적을 향하여 산밑으로 용감하게 돌격해 내려가지만 금순아버지는 혼란한 틈을 타서 산 위로 뛰어올라 피신했다가 전투가 일단락되고 나서야 해방된 탄광으로 발길을 옮긴다.

> "아니 이런 무모한 짓을 해서 이길 수 있나 말이네. 그쪽에는 시퍼런 군대가 100여 명이나 무장을 갖추구 지키구 있다는데 이쪽에서는 보총과 만든 수류탄 서너알식 가

진 사람이 겨우 마흔세명이 들어가서 잡겠다니 이게야 민주먹을 들구 범의 굴루 뛰여드는 셈이 아닐가?"… 중략… "또… 탄광을 꼭 해방시켜야 될 필요는 어데 있는가말일세… 우리게는 이제 현물세루 받은 쌀이 있겠다, 육류 수매제루 국가에 바치던 고기를 해방 지구 인민들이 갖다 바쳐주겠다. 옷은 또 이렇게 입었구. 그러니 무엇이 모자라는가 말일세. 이대루 살문 금년 겨울은 뜨슷하게 날게 아닌가? 그런데 탄광을 해방시켜서 숫한 로동자들을 받아딜여 놓문 너두 못살구, 나두 못살구, 다 못사는 판이 아닌가? 또 이번 정찰 소대장 같이 놈들을 자꾸 건드려 놓으면 놈들두 약이 올라서 이번에는 정말 달라붙을 걸세! 그런데 왜 부대장은 이런 무모한 짓을 하자는 건지 난 모르겠네… 로동자들이야 또 그럴법하지! 거기 가족들이 있으니까 기를 쓰구 달려들 수두 있지… 그러나 우리 농민이야 멋 때문에 남의 싸움에 목숨을 내걸구 칼을 빼겠나… 그것도 우리 부락을 해방시킨다면야 또 모르지… 하지만 이건 정말 남의 싸움에 칼 빼기네…"

(『조국』, 319쪽)

위의 인용문은 금순아버지가 최영감을 설득하는 대화묘

사인데 이는 그 당시 환경에서 비단 금순아버지 한 사람만의 생각이 아니라 많은 사람들의 생각을 반영한 것으로 보인다.

이 소설에서 빨치산 정찰 소대장 문관호 역시 남다른 성격을 갖고 있는 인물이다. 후퇴한 탄광마을사람들은 빨치산을 조직하게 되는데 문관호도 거기에 참가하게 된다. 조직에서는 그에게 정찰대 소대장으로 임명하겠다고 하자 그는 아무 이의없이 첫마디에 승낙한다. 그는 이 직무를 사업의 중요성으로 판단한 것이 아니라 다만 지휘관이라는 것과 영화나 연극에서 보아 온 정찰병들의 그 용감한 스릴에 흥미를 느껴서 받아들였던 것이다. 그는 이 직무를 쉽게 받아들인 것처럼 이 직무를 쉽게 수행해 나갔다. 부대보다 이삼십 리나 먼저 나가서는 권총을 빼 들고 농촌 집에 뛰어들기도 하고 좀 어수룩해 보이는 사람을 만나면 귓가에 권총을 대고 공포를 자아내게 한 다음 심문하기도 한다. 또 도중에서 치안대와 한국군의 소수 병력을 마주치게 될 때에도 만약 적의 역량이 작아 보이면 용감하게 행동하고 만만해 보이면 자기 대원들을 데리고 습격해서 무장을 빼앗곤 한다. 하지만 그는 때때로 정찰의 기본 목적인 자기 임무를 잊어버리고 부대와 지나치게 떨어지거나 부대가 요구하는 시각에 도착하지 못하거나 지휘에 필요한 자료들과는 영영 어긋나는 자료들을 들고 와서 주의를 받기도 한다. 하지만 그는 대답은 쉽게 하지만 행동은 쉽게 시정하지 않았다. 그는 그의 정찰임무를 아이들이 불장난하는 것처럼 스스로 도취되어 제 맘대로 했는데 한번은 정찰임무를 나갔다가 그는 실지 탐사도 하지 않고 그냥 마을사람들의 이야기만 듣고 자기가 정찰해온 것처럼 보고했다. 그의 정찰 보고에 따라 행동을 개시했던 빨치산은 큰 낭패를 보게 되고 관호 자신도 부상을 입게 된다.

『향토』에서 분옥의 시아버지 송순걸도 아주 소극적인 인물상으로 그려진다. 그는8.15해방전에 마을의 큰 지주의 고용 머슴이었는데 해방 후 상논 삼천 평과 지주가 원래 살던 큰 기와집 한 채를 차지하게 된다. 해방의 희열을 맞은 그는 전보다 곱절의 노력과 정성을 들여 살림을 꾸려나간다. 그는 자기가 이제껏 살아본 적 없는 그러한 풍성하고 유족한 살림을 살아야 한다는 분에 넘치는 황홀한 생각을 하게 되며 이 억제할 수 없는 욕망에 사로잡혀 땅에만 파묻혀 농사일에만 달라붙었다. 그는 이러한 욕망이 이전에 지주들의 생각과 같은 것이라는 것을 반성할 시간도 없이 농사일 여가에는 이전 지주와 같이 넓은 담장 안 모퉁이를 돌아가며 닭장과 돼지우리를 수리하고 종자 닭과 암퇘지를 사들이느라고 바쁘다. 철을 갈아 번식하는 병아리와 돼지 새끼를 팔아서는 다시 큰 가축 암소를 사들일 계획까지 세운다. 또한 집 뒤의 과일나무를 몽땅 찍어 넘기고 곡식을 가꾼다. 그는 곡식을 심는 것이야말로 진정으로 부를 축적하는 도경이라고 생각했던 것이다. 이렇게 열심히 살아가던 송노인에게 전쟁이 날벼락처럼 떨어진다. 미군의 침입은 그의 욕망과 계획을 뿌리 채 흔들어놓았다. 그는 자기의 소유로 된 땅과 기와집 모두가 이전 지주에게 돌아가고 말리라는 공포에서 떠날 수가 없었다. 그리하여 마을에 군인들이 들어와 들볶는 며칠 동안 그는 거의 침식을 잃다시피 하며 생각에 잠겼다. 그리고 나서 곳간 안의 알곡식과 시렁 위의 놋그릇에 이르기까지 값 나가는 물건은 모조리 땅에 파묻기 시작하였다. 파묻을 것과 치울 것을 끝내고 나서는 "물건은 치울 수 있지만 짐승은 죽이는 도리밖에 없는게야!"하며 닭, 오리 등의 날짐승과 두 마리의 큰 돼지를 잡아 치울 생각을 하였다. 자기소유의 물건은 아군이든 적군이든 누구에게도 남겨주고 싶지 않았다. 그에게는 오직 '내 살림'밖에 없었던 것이다.

그러던 어느 날 송노인은 도망갔던 지주인 고성재의 앞잡이로부터 편지 한 장을 받게 된다. 편지에는 지주가 도망간 5년동안의 소작인들의 소작료를 상세하게 적은 명세서를 첨부하여 그것을 실행할 것이며 또 이것을 절대 누설하지 말

것을 부탁하는 내용이 씌어 있었다. 이 편지를 받아 쥔 송노인은 어쩔 바를 모르며 드러눕기까지 한다. 이번 일을 잘 완수하면 톡톡한 보상을 주겠다는 감언이설에 주저하기도 한다. 해방 후 5년동안 땅의 주인으로 살았던 그에게 큰 유혹이 아닐 수 없었기 때문이다. 그리하여 그는 안주인 권씨와 며느리의 권고도 마다하고 그 죄악의 편지를 인민위원회에 제출하지 않는다. 그러던 그는 주위사람들이 조국을 위하여 열성을 다하고 북한군인들을 위하여 모든 것을 서슴없이 내놓는 모습을 보고 감동되어 끝내는 자기의 이익만을 추구하던 것을 뉘우치고 리인민회의에서 자기에게 기회를 줄 것을 간청한다.

위에서 살펴본 세 사람은 후방 인민들중에서의 낙후한 인물의 대표라고 할 수 있다. 금순아버지는 평범한 농민으로서 생각이 넓지 못하고 자기의 안일한 생활만 추구하는 자기 이익만 추구한 사람인데 이런 유형의 사람들은 당시 사회에서 많은 비율을 차지했을 것이라고 본다. 그리고 문관호는 전투를 전투로 생각하지 않고 자기의 주제를 잘 파악할 줄 모르며 재미에 따라 멋대로 일을 처리하는 등 일의 경중을 똑바로 인식하지 못하는 유형이다. 또 송순걸, 송노인은 한평생 동안 받아온 압박과 착취에 겁이 나고 해방 후 어렵게 얻은 자기의 소유물이 없어질까 봐 전전긍긍하면서 시비를 잘 가릴 줄 모르는 노인의 유형이다. 이런 사람들은 모두 일상에서 자주 볼 수 있는 형상들인데 소설 중에 이런 인물들의 가입은 복잡한 현실의 인물상을 보여주면서 작품의 현실성을 보장해준다.

3) 카멜레온적 변신을 하는 사람들

일제의 패망과 더불어 해방 전에 인민들을 압박하고 착취하던 지주계급이나 일정한 권세를 갖고 있었던 사람들은 더이상 자기 마음대로 하지 못하고 기를 죽이고 인민정권에 복종하면서 조심스럽게 사는 수 밖에 없었다. 그들은 모두 겉으로는 순종하는 체하면서도 빨리 이전과 같은 자기들 세상이 도래하기를 고대한다. 전쟁의 발발로 그들은 자기들이 원하는 세상을 맞이하게 된다. 그리하여 이들 중 일부는 앞에서 본 치안대원들처럼 기고만장해서 날뛰지만 일부는 역시 조심스럽게 눈치를 보아가며 행사한다. 변하고 변하는 것이 세상의 이치이기 때문이다.

『대동강』에서 룡악리의 리인민위원회 위원장인 경천은 사연이 복잡한 사람이다. 그는 전쟁 직전까지 마을 농맹 간부로 있었기에 미군이 진주하였을 때 일시적으로 몸을 피했다가 치안대 간부로 있는 그의 친척들이 꾀는 통에 치안대에 가담하였다. 원래부터 양 다리 걸치기를 잘 하는 경천은 치안대에 가담해서도 병을 빙자하여 표면에 나서지 않고 눈치를 보면서 뒤에서 조언만 하는 정도였다. 미군이 룡악리에서 사라지고 난 다음에 그는 자신의 정체를 숨긴 채 남자라고는 늙은이와 아이들밖에 없는 조건을 이용하여 다시 그 마을에서 리인민위원장이 되어 자기의 허물을 감춘다. 그때 마침 공장 부지를 구하기 위하여 기석이가 마을에 나타나게 되는데 그들 둘은 서로 배짱이 맞아 어울려 다니면서 마을주민들과 공장 사이를 이간시키고 공장을 이주하는 사업을 방해한다. 그리고 그들은 과거에 치안대에 가담했던 사람들을 굴속에 숨겨놓고 계속 연계를 가지면서 때가 다시 오기만을 고대한다. 그러다가 굴속에 사람을 숨겨둔 사실이 발각되고 그들의 음모도 드러나는 것으로 작품은 끝을 맺는다.

『흰 구름 피는 땅』에서 박대포라고 불리우는 박근복 역시 시세에 따라 카멜레온적 변신을 하는 사람이다. 해방 후 박대포는 겉으로는 마을의 사업에 열정을 보이면서 마을사람들과 잘 어울리지만 속으로는 그것을 상당히 불쾌하게 생각하는 속과 겉이 다른 사람이다. 그 이유는 죽은 그의 아버지 때문이었다. 박대포의 아버지 박관수는 왜정 때에 다년간 금융조합 서기 노릇을 했고 벼슬이 떨어져서는 일본인 지주 앞에서 토지 거간도 하고 소작료도 받아들이는 일을 했다. 해방이 되어 연늪벌을 자기 소유로 만들려는 간계가 폭로되고 토지가 모두 농민들의 소유로 되고 농민들이 거기에 관개 공사를 하는 것을 보고 비난하며 수로 파는 동원에도 여러 번 기피한다. 그러다가 회의에서 강한 추궁을 받고 그때의 동원책임자한테 귀뺨까지 맞았는데 그해 가을에는 홧병으로 죽고 말았다. 이에 앙심을 품고 있는 박대포이지만 인민정권 하에서 살아남기 위해서는 그 시세에 따라야 했다. 그러다가 전쟁이 발발하고 북한군인들이 후퇴 시기에 들어섰을 때 읍에서 조직된 테러단에 참가하였는데 그는 표면엔 나서지 않고 은밀히 이름만 걸어놓고 비밀정탐원으로 활동하면서 마을의 빨치산들이 마을에 돌아오는 길로 고발하기도 한다. 그러다가 미군이 다시 마을을 떠나자 그는 이내 또 본래의 모습으로 돌아와 마을 일에 열성을 보이면서 다시금 카멜레온 같이 변화한다. 상이군인 김철수가 돌아와 마을사람들을 거느리고 양수장 복구 건설을 하려 할 때도 그는 양수장이 폭격에 파괴된 것을 통쾌히 생각해서 내심으로 그것을 복구하는 것을 반대하면서도 겉으로는 누구보다도 부지런하게 일하며 열성을 보인다. 그는 양수장 복구 공사를 하면서도 대범하지 못해 소심하면면서도 괘씸한 짓을 하곤 하는데 작업장에서 누가 보지 않으면 나사못이나 작업도구같은 것을 슬쩍 풀밭 같은 곳에 집어 던지기 일쑤였다. 이런 박대포는 끝내 그 진면모가 밝혀지고 자기가 이용하고 있던 용삼이에게 테러단에 가입했던 일까지 적발되어 잡혀가고 만다.

양 다리 걸치기를 잘 하는 경천, 박대포와 같은 인물들은 자기들의 세상이 왔다고 기고만장하여 날뛰는 것이 아니라 표면에 드러나지 않고 뒤에 숨어서 음험한 일을 벌린다. 그들은 시세에 따라 카멜레온적 변화를 하면서 인민대중 내부에 숨어서 인민들의 이익을 해치기도 한다. 이런 유형의 인물들은 주로 전후 시기에 창작한 소설들에서 나타나는데 이것은 전후의 안정된 상황에서 작가들이 전쟁 시기의 선명한 적과 아군의 대립구조의 모식에서 좀 더 실제적인 생활에 눈길을 돌려 복잡한 사회상황을 분석하면서 작품화하였기 때문인 것으로 보인다. 또한 작품에서 이런 인물들에 대한 서술은 사람들에게 카멜레온적 변화를 하는 사람들의 정체를 잘 식별하고 경각심을 높일 것을 암시하는 역할을 한다.

4. 인물 형상 부각의 특성과 원인

긍정적 인물 유형의 인물들인 북한군인들이나 후방 인민들은 나를 막론하고 모두 전쟁에서 추호의 두려움도 나타내지 않고 용감무쌍한 영웅들이라고 할 수 있다. 그들은 모두 불요불굴의 정신을 갖고 있으며 고난 앞에서 머리를 수그리지 않고 생사를 두려워하지 않는다. 전쟁제재 소설 중의 많은 인물들이 이렇게 영웅적으로 묘사된 데는 다방면 요소의 영향을 받았다고 할 수 있다.

먼저 이는 북한문예정책의 방향에 따라 창작된 결과라고 할 수 있다. 전쟁시기에는 김일성의 '무기로서의 문학'의 역할을 강조하면서 여러 차례의 '교시'가 있었고 전후에 열린 조선작가예술가대회에서도 작가들의 창작 임무를 제시하였는데 이는 모두 긍정적 인물을 형상화할 방향을 가리켜 주었다.

기실 가열차고 처절한 전쟁 시기에 문학의 영웅 형상화는 절대적인 필요성을 가지고 있었다. 당시 남로당의 평론가였던 이원조는 문학 예술에 있어서 영웅 형상화의 문제는 다만 문학예술의 한 부분적 문제이거나 또는 테마의 문제로 국한되는 것이 아니라 조국해방전쟁의 승리를 위한 자기 목적을 달성한데 있어서 북한인민의 애국심을 표현하는 가장 기본적이며 또한 전반적인 문제로 제기되고 취급되어야 한다고 하면서 진일보로 그 원인을 다음과 같이 해석하였다.

> 조선 인민의 애국심의 구현자인 영웅을 형상화 한다는 것은 첫째, 그들의 영웅적 행동과 사실들을 인민에게 보여줌으로써 우리의 승리에 대한 신심을 제고시키며 우리의 정의의 조국해방전쟁의 정당성에 대하여 더욱 인식을 똑똑히 할 수 있게 하며 모든 인민을 승리에로 불러일으킬 수 있기 때문이다. 둘째로는 이러한 영웅적 행동을 인민들에게 보여주는 것은 조국과 인민을 위하여 싸우는 인민들에게 탁월한 산 모범을 보여줌으로써 영웅적 행동을 대중화

할 수 있으며 매개 인민을 영웅적 행동에로 고무 추동할 수 있기 때문이다.[8)]

전시 북한에서는 적군의 침입에 직면하여 인민들이 한결같이 힘차게 일어나서 용감하게 싸울 것이 필요했는데 작품에서 부각된 영웅적 인물들의 형상은 북한인민들에게 본보기를 보여주었다. 또한 전쟁이 일단락 된 후 전후복구건설 시기에 들어선 북한에서는 초토화된 현실 앞에서 인민들이 전쟁 시기에 발휘했던 영웅적 정신으로 복구 건설에 임할 것이 필요했다. 그리하여 영웅 인물의 형상화는 전후복구건설을 하고 있는 북한인민들에게 역시 고무격려의 작용을 하게 되었던 것이다.

전시와 전후 북한의 절박했던 사회상황에서 작가들이 당시의 문예정책에 호응하여 의식적으로 영웅인물을 형상화한 면도 있겠지만 현실적으로 볼 때에도 6·25전쟁당시에 불요불굴의 정신을 갖고 있는 영웅인물들이 많이 나타났던 것으로 보인다. 전쟁시기 북한에서는 곳곳에서 용감하게 싸운 전투영웅들의 이름을 대대적으로 발표하고 신문들은 일제히

8) 리원조, 「영웅형상화의 문제에 대하여」,『인민』, 1952,『현대문학비평자료집2 (이북편)』, 175쪽 재인용.

이들의 소식을 연일 대서특필했는데1952년 초반까지만 해도 조선노동당으로부터 영웅칭호를 받았던 사람들이 전후방을 합하여 300여명이 넘었던 것으로 추정된다고 한다.[9] 때문에 작품 속에 부각된 영웅인물들의 형상은 현실적인 영웅인물들을 바탕으로 한 진실한 영웅들의 모습을 형상화한 것이라고도 할 수 있다.

또한 문학작품에서 많은 영웅적 인물에 대한 부각은 해방 후 북한문학의 연속으로도 볼 수 있다. 1946년11월, 북한에서는 사회주의국가 건설을 위한 건국사상총동원운동을 전개하게 되고 프로문학 전통을 계승하면서 1947년3월에 조선노동당에 의해 '고상한 리얼리즘'이 유일한 창작방법론으로 제기된다. 혁명적 낭만주의에 기초한 '고상한 리얼리즘'은 긍정적 인물의 형상화라는 형태로 북한문학에 나타나게 된다. 해방 후 북한에서는 조선노동당의 이런 문예정책에 적극 호응하여 새로운 사회건설에 적극 참여하는 긍정적 주인공을 많이 형상화하게 되었는데 전쟁이 폭발하자 사회건설에 적극 참여하던 주인공들은 전투에 적극적으로 투입하여 영웅성을 발휘하는 긍정적인 영웅인물상으로 변모하였던 것

9) 이은자, 「북한 전시소설의 주제 특성에 대한 연구」, 『현대소설연구12』, 한국현대소설학회, 2000, 344쪽.

으로 보인다.

긍정적 인물의 부각은 문학의 교화 작용을 수행함에 있어서 일정한 역할을 하였다고 할 수 있다. 하지만 긍정적 인물을 부각함에 있어서 초점이 그들의 용감성, 영웅성 등에 맞춰져 있기에 인간으로서의 내면 세계가 잘 드러나지 않고 아무런 결함도 가지고 있지 않는 완미한 형상으로 나타난다. 따라서 긍정적인 인물들의 다면적인 성격이 감추어지고 오직 혁명 임무 수행에만 정력이 기울어지는 무미건조한 인물상으로 변하고 마는 결함을 갖게 되었다.

작품에서 부정적인 인물로 미군, 한국군, 치안대원과 경찰이 등장하는데 이들은 작품에서 완정한 인물형상으로 나타나지 않고 짤막하게 단편적으로 부각되는데 그들의 형상은 모두 극히 부정적이었다. 특히 미군의 형상은 언제나 가장 추악하고 잔인한 형상으로 부각되는데 심지어 그들의 외모마저 사람이 아닌 동물 상으로 그려지고 있다. 이는 그만큼 북한인민들이 전쟁의 장본인인 미군에 대해 적의를 품고 있다는 것을 말해준다. 또한 실제로 미군이 북한에서 저지른 만행은 그만큼 하늘에 사무칠 정도였던 것이다. 전쟁을 겪으면서 적들의 온갖 만행을 목격한 작가들은 적군을 형상화할 때 부지중에 개인의 감정이 첨가되어 그들을 최악의 형상으로 그리고 있었던 것으로 보인다. 그리고 김일성의 '교시'도 중요한 원인 중의 하나이다.

> 우리 작가, 예술가들은 또한 자기들의 작품을 통하여 적에 대한 불붙는 증오심을 불러일으켜야 합니다. 여기에서 적을 어떻게 묘사하느냐 하는 문제가 제기됩니다. 우리 작가들은 미제침략자들을 교활하다들로 묘사합니다. 이것은 물론 옳습니다. 그러나 미제국주의자들은 교활할 뿐만 아니라 가장 포악하고 가장 추악한 현대의 야만인이라는 것을 잊지 말아야 합니다.[10)]

작품에서 미군들은 항상 비겁한 형상으로 나타난다. 그들은 허우대같이 키만 크고 덩치만 컸지 전투 중에는 모두 무기력하며 겁쟁이들이다. 당시 막강한 무기와 장비를 갖고 있었던 적들이지만 그들의 형상을 너무 극대화하면 인민들의 공포심을 불러일으킬 수 있었다. 때문에 인민들의 승리의 신심을 북돋우기 위해서라도 적들은 언제나 종이호랑이의 형상으로 부각되어야 했다. 이는 당시 북한문학의 무기화 작용이라는 특수한 임무에 의해서였다.

10)『김일성저작집』6권, 403쪽, 『조선문학사』11, 사회과학출판사, 1994, 14쪽 재인용.

이외에 소설에서는 한국군과 치안 대원, 경찰들의 형상도 악마화되어 나타나고 있다. 그들 역시 미군과 같이 북한 인민들에게 있어서는 용서할 수 없는 대상이었기 때문이다. 하지만 일부 소설에는 한국군에 대해 우호적으로 표현된 곳이 있는데 이는 한국군이 적수이기기는 하지만 그들도 기실은 미군과 이승만 정부의 피해를 받은 피해자라는 것을 말해주고 있다.

앞의 두 가지 유형의 인물들의 형상에 대한 분석을 통하여 알 수 있듯이 두 가지 유형의 인물들은 긍정과 부정이 선명하게 드러나는 이원대립적인 서술 방식을 취하고 있다. 이는 당시 북한이 추구했던 사회주의 사실주의 문학의 특성이라고 할 수 있다. 사회주의 사실주의 문학에 있어 부정적인 것의 묘사는 작가가 긍정적인 것과 부정적인 것과의 상호관계를 정당하게 보여주는 것을 전제로 할 것을 요구하는데 그것은 북한문학에 있어서 부정적인 것의 묘사의 과업은 북한사회의 긍정적 역량을 더욱 강하게 확증하는 사업과 분리하는 것이 아니기 때문이라고 안함광[11]은 말하고 있다.

많은 작품들은 전의를 고취하고자 하는 목적의식을 강하게 드러내고 있으며 북한군, 한국군, 미군의 형상이 선과

11) 안함광,『조선문학사』, 연변교육출판사, 1956, 605쪽.

악이 뚜렷하게 구분되는데 인물 형상이 도식적으로 형상화되고 있음이 보인다.

작품 중의 주인공은 아니더라도 특수한 성격 특징을 갖고 있는 인물의 등장은 작품에 다채로움을 보여준다. 기실 해방 후 북한사회는 격렬한 제반 변화를 거쳐왔기에 다종다양한 인간군상 사이의 복잡한 관계가 개입되어 있었고 '민주개혁'을 거쳤다고 해도 이전에 비해 차이가 덜하기는 하지만 여전히 다양한 이해 관계에 놓여있는 사람들이 서로 암암리에 다르게 살아가고 있었다.[12] 그런데 작가는 당시 전쟁이란 급박한 상황은 사회의 이러한 복잡한 상태에 주의를 돌릴 겨를이 없었던 까닭에 쉽게 긍정적 인물인 북한인민들과 부정적 인물인 미군, 한국군, 치안대원, 경찰이란 인물의 단순한 대립구도를 설정하고 작품을 전개하였던 것으로 보인다. 그런데 전쟁이 일단락된 후 전국작가예술가대회를 거치면서 현장 파견이 이루어지고 실제 상황에 대한 고찰이 이루어지면서 작가들은 사태가 그렇게 간단치 않다는 것을 알게 되었을 것이다. 따라서 현실의 복잡한 상태에 대한 성찰이 필요하다는 것을 알게 되었을 것이다. 그리하여 작품 중에는 다양한 성격 특징을 소유한 인물들이 세분화되어 나타나기 시

12) 김재용, 『분단구조와 북한문학』, 소명출판, 2000, 270쪽.

작하였다.

특히 당시 사회에서 도식주의에 대한 비판 논쟁은 다양한 인물 형상의 부각에 절대적인 영향을 주었던 것으로 보인다. 1947년 북한문학계에서 고상한 리얼리즘을 창작방법으로 삼은 후에는 항상 낡은 것은 거의 그리지 않고 오로지 긍정적 주인공을 통한 새로운 것의 제시에 급급하였다.[13] 과거에는 이런 낡은 형태의 부정적 인물을 그리는 것은 북한사회의 단점을 알리는 것이기 때문에 극구 피하여 왔던 것이다. 하지만 1952년에 소련의 문예정책 변화에 힘입어 북한문학계에도 무갈등론을 비판하고 문학의 도식주의를 비판하기 시작하면서 여러 가지 낙후하고 소극적인 인물의 부각이 가능하게 되었다. 특히 탁상공론만 할 줄 알고 관료주의에 물든 낡은 것을 대표하는 유경모와 같은 인물은 국가이미지를 대표하는 북한군인임에도 불구하고 낙후한 형상으로 등장하게 되는데 이것은 이 시기 문학의 새로운 경향이며 진보라고 할 수 있다.

13) 김재용, 『북한문학의 역사적이해』, 문학과지성사, 1994, 121쪽.

제5장

서사 특성과 서사 전략

1. 긍정적 인물 부각 서사

긍정적 인물을 부각하는 것은 6·25전쟁제재 소설 창작의 주 목적이라고 할 수 있다. 1950년대의 작가들은 창작 과정에 흔히 지나친 목적성을 갖고 인물의 완미한 형상을 부각하려 많이 노력하였는데 그들의 이런 노력은 긍정적 인물을 부각함에 있어서 일련의 유사성을 갖게 한다. 1950년대 6·25전쟁제재 소설에서 긍정적 인물을 부각하는데 나타나는 일부 서사 특성에 대해 고찰해본다.

1) 긍정적 인물의 성장 모식

북한의 김일성종합대학출판사에서 출판한 『소설창작수업』은 소설에서 인물의 성장과정을 묘사하는 중요성을 다음과 같이 밝히고 있다. "소설문학의 사상교양적기능과 역할은 작품의 주인공과 인물들의 구체적인 성격 형상을 통하여 실현된다. 훌륭한 소설 작품은 다 인물들의 성격장성 과정, 특히 주인공의 세계관 형성과정을 진실하고 생동하게 묘사하고 있다. 그것은 소설문학작품에서는 주인공을 비롯한 인물들의 성격장성 과정을 떠나서 혁명발전과정을 진실하게 그릴 수 없다."[1] 때문에 인물의 세계관 형성과정에 대한 묘사는 소설에서의 중요한 요소로 된다.

앞장에서 긍정적 인물들의 영웅적인 모습을 살펴보았는데 그들은 모두 전쟁에서 용감무쌍하고 견인불발한 의지를 갖고 있으며 고상한 인격 매력을 갖고 있다. 소설에 부각된 인물들의 이런 우수한 품성은 고소설에서처럼 태어날 때부터 선천적으로 갖고 있는 것이 아니라 모두 평범한 노동자, 농민으로부터 점차 교육을 받고 시련을 겪는 가운 데서 차츰차츰 자기의 가치관이 형성되면서 긍정적 인물로 성장한 것

1) 『소설창작수업』, 김일성종합대학출판사, 1980, 6쪽.

이다.

1950년대의 6·25전쟁제재 소설을 볼 때 최전방의 영웅인물이든 후방의 긍정인물이든 그들이 평범한 사람으로부터 영웅으로 되기까지의 성장과정은 거의 비슷하게 그려지고 있다. 본 절에서는 『젊은 용사들』, 『조국』, 『향토』 등 소설을 위주로 작품 속에 등장하는 긍정적 인물들의 성장과정을 살펴보기로 한다.

『젊은 용사들』의 주인공 권혁창은 가난한 집에서 태어나 홀어머니와 함께 고단한 삶을 살아간다. 열한 살 적에 가난에 못 이겨 홀어머니를 따라 두만강을 건너 북간도로 살길을 찾아 떠나간 적도 있는 그는 해방을 맞이하여 고향 길주에서 민청 일을 보고 성인학교에서 글을 가르쳐주기도 하였다. 그러던 그는 스무 살이 되던 해에 조국을 보위하겠다는 결심으로 자진입대하고 입대 후에는 많은 지휘관들에게서 여러 가지를 배웠다. 전쟁이 일어나자 의연히 전장으로 떠난 권혁창은 소대장이 되었으며 전장에서 용감무쌍한 정신을 발휘하여 전사들의 신뢰를 받는다. 권혁창은 전투에서 늘 지혜롭고 용감하다. 어느 한 번의 전투에서 권혁창이 소속된 부대가 적들에게 포위를 당하는데 이 위기일발의 시각에 권혁창은 포위망을 뚫고 출로를 열기 위하여 전사들을 데리고 의연히 나선다. 우수한 장비를 갖고 있는 적들의 화력은 막강하였다. 총탄이 빗발치듯 날아와 옴짝달싹할 수 없는 상황이었지만 권혁창과 전사들은 불굴의 정신으로 용감히 싸워 나가는데 여러 차례의 진공 끝에 끝내 불을 토하는 화구를 막고 대오의 출로를 보장한다. 그리하여 대오는 최후의 승리를 거두었다.

동일 작품 중의 북한군인 리수복 역시 농사꾼의 아들로 태어나 일제시대 조선말을 한다고 일본인교사한테 구박을 받고 마름에게 무시당하며 자란다. 그러다가 해방을 맞이하여 고등학교를 다니게 되고 전쟁이 일어나자 의연히 참전한다. 그러다가 전투 중 위기일발의 시각에 돌격대로 나서서 곤란한 상황을 타개하고 희생된다. 김도성 역시 소설에서 비록 출신을 밝히지 않았지만 군대에 참가하여 상급 지도자들에게 교육을 받고 전장에서는 돌격대로 출전하여 난관을 타개하여 전투의 승리를 보장한다.

후방인민들의 성장과정 역시 비슷하게 서술된다. 『조국』에서 탄광노동자의 아들로 태어난 안태하는 어릴 때 탄광의 가스폭발 사고로 아버지를 여의고 어머니와 의지하며 고단한 삶을 살아간다. 어린 나이에 일본사람이 경영하는 탄광에서 '벤또도리'공을 하는데 조금만 잘못을 저질러도 혹독한

벌을 받곤 한다. 해방을 맞이하면서 안태하는 탄광에서 이름난 발파수가 되어 희망찬 앞날을 그리며 오붓한 생활을 해나간다. 그러던 어느 날, 적군이 곧 진입하게 된다는 정보를 입수하게 되고 탄광의 노동자들은 서둘러 탄광을 폭발하고 후퇴의 길에 오르게 된다. 적군의 빠른 진입을 막기 위하여 탄광마을에서 좀 떨어져있는 철교를 폭파시켜야 했는데 이 임무는 발파수 안태하에게 내려진다. 안태하는 임무수행에 나섰지만 화약에 불을 붙이려는 순간 적들에게 발각되어 잡혀가고 만다. 이때부터 고난이 시작된다. 여러 차례의 잔혹한 고문 끝에 끝내 사형장에까지 끌려간다. 하지만 마침 탄광의 갱굴 앞에서 총살 집행을 앞두고 총을 쏘려는 순간 약삭빠른 그는 어두컴컴한 갱굴 속으로 뛰어들어가 죽음을 모면하게 된다. 새까만 갱굴 속에서 안태하는 함께 뛰어들어온 김노인과 함께 생사의 고비를 드나든다. 갱굴 속에서 안태하는 김노인의 고무와 격려를 받으며 그가 가리키는 방향을 따라 끝내 어두운 갱굴 속에서 탈출하게 되고 간난신고끝에 자기의 대오를 찾게 된다. 거기서 안태하는 빨치산활동에 가담하여 정찰 대장이 되면서 많은 공을 세운다.

소설에서 비록 안태하는 철교 폭파의 임무를 완성하지는 못했지만 그 일을 하는 과정에서 겪은 시련을 통하여 고도로 자각하고 용감함을 갖게 되었고 이후의 빨치산활동에서 언제나 앞장서서 곤란을 타개하는 성숙된 모습을 보이게 된다.

『향토』에서 화전농의 딸로 태어난 분옥이는 어린 나이에 지주 집의 소몰이꾼이 되어 고생하며 자란다. 눈이 오나 비가 오나 홑옷바람으로 매일 소를 몰고 먼 산골짜기까지 가야 했고 혹시 소가 골짜기에 빠져 다치거나 하는 날에는 죽을 곤욕을 치러야 했다. 게다가 지주 집에서 시키는 모든 일을 어린 몸으로 감내해내야만 하였다. 해방을 맞이하면서 같이 소몰이를 다니던 송을석과 화목한 가정을 이루게 되고 여맹에도 참가하여 열성껏 살아나간다. 그러다가 전쟁을 맞이하게 되는데 전쟁은 그에게 무한한 두려움을 자아내게 한다. 후퇴하는 사람들이 마을을 지나가는 것을 바라볼 적마다 마음이 초조해지고 다른 사람이 쑤군거리는 무서운 이야기들에 눈이 휘둥그래지고 놀란다. 특히 그는 전장에 나가있는 남편이 무슨 위험이라도 있을까 봐 전전긍긍하는데 모든 어려움에도 불구하고 남편을 찾아 떠나겠다는 마음까지 먹는다. 이런 분옥이에게 마을 여맹위원장인 임연순은 그의 길잡이로 나서게 된다. 임연순은 언제나 분옥이가 굳세지도록 타이르며 그를 혁명적 동지로 키워간다. 그리하여 분옥이는 차층 대담해지게 되고 남편만 근심하던 가정 속의 '작은 여인'에서 점차 대중을 위하여 헌신할 줄 아는 용감한 여성으로 성장하게 된다. 끝내 전쟁원호사업에서 지도자의 역할을 하기에 이른다. 소설의 후반부에서 적들의 맹렬한 폭격으로 전쟁물자를 운송하던 열차에 불이 붙게 되는데 타오르는 불길에 열차에 실은 탄환이 수시로 터질 수 있으므로 위험성이 너무 커서 남자들도 감히 어쩌지 못하고 조바심만 태우는 상황이다. 하지만 분옥이는 한시의 지체도 없이 몇몇 여맹원을 데리고 열차를 구출하는 작업에 나선다. 이에 감동을 받은 남자들도 분옥이를 도와 나서게 되는데 모든 사람들의 공동노력으로 열차는 끝내 구출된다. 열차 구출에 성공한 분옥이는 상급에서 주는 또 다른 임무를 받고 임무수행을 위하여 이웃 마을로 떠난다.

위에서 살펴보았듯이 소설 속의 긍정적 인물이 평범한 사람으로부터 영웅적 인물로 성장하는 데는 대체로 다음과 같은 모식을 갖고 있다.

a. 긍정적 인물들은 모두 극히 평범한 노동자, 농민들의 자식으로 태어나 어려서부터 온갖 고초를 겪으며 자랐다.

b. 해방을 맞이하면서 신분의 변화를 가져온다. 새로운 사

회에서 자기소유의 땅을 갖게 되고 자기들의 일터를 갖게 되면서 떳떳한 나라의 주인으로 된다. 그들은 새로운 사회제도에 대해 무한한 감격을 갖고 자기가 맡은 분야에서 열심히 일해 나간다.

c. 뜻하지 않게 전쟁을 맞이하게 되면서 자원하여 전장에 나가거나 전쟁원호사업에 나선다.

d. 긍정적 인물들은 전투에 투입되기 전 혹은 전투에 투입한 후에 옆 사람들의 지도를 받게 된다. 특히 후방 인민들을 그린 소설들에서 긍정적 인물들은 전쟁에 직면하여 성숙하지 못한 표현을 나타나게 되는데 이때 옆 사람들의 인도를 받아 차츰 긍정적인 모습을 보이게 된다.

e. 긍정적 인물이 소속된 집단 혹은 소속부대가 곤란에 부딪치게 되면서 관건적인 임무수행이 필요로 나서게 되는데 이때 긍정적 인물이 곤란을 타개하기 위하여 자발적으로 나선다.

f. 임무를 수행하는 과정에 여러 가지 난관에 부딪치게 되는데 긍정적 인물은 고난의 시련을 겪다가 끝내 승리를 이룩하게 된다.

출신부터 신분의 변화, 당의 교육 아래 성장, 전쟁에 자발적인 지원, 곤란한 상황 타개 등은 긍정 인물의 부각에서 빼놓을 수 없는 전환점으로 된다. 이렇게 긍정적 인물들의 성장은 고정적인 틀을 이루는데 아마 이런 성장 모식은 그들의 영웅적인 형상을 부각함에 있어서 최선의 설정이었기 때문으로 보인다. 긍정적 인물의 출신은 그들이 광범한 인민대중을 대표하는 평범한 신분을 갖고 있음을 말해주고 피착취계급으로부터 나라의 주인이 되는 변화는 조선노동당의 은혜를 말해주며 전쟁에 자발적인 지원은 그들의 절절한 애국심을 보여준다. 또한 긍정 인물이 곤란 상황을 타개하는 것은 그들의 불요불굴의 영웅 정신을 표현해준다. 이는 사람들에게 영웅들도 영웅이기전에는 모두 평범한 사람들이라는 것을 제시해주면서 인민들의 전쟁 참여의 열의를 불러일으키고 전후 복구 건설의 열의를 불러일으키는 정신적인 교화의 작용을 잘 이행하였다. 하지만 각도를 바꾸어 순수한 문학작품으로 볼 때 이런 작품들에는 지나친 도식성이 두드러진다.

여기서 한 가지 주목할 점은 『향토』에서 분옥이처럼 많은 여성인물들의 성장에 옆 사람들의 인도가 동반된다는 것이다. 『대동강』의 점순이는 지하당원인 김덕준의 인도 하에 지하 공작을 시작하게 되어 실천 중에서 경험을 쌓고 점차 대담해지면서 자각적인 지하활동을 벌리는 대담한 인물로 변모하였고『행복』에서 례주는 가정 잃은 슬픔에서 헤어나오지 못하여 우울하던 상황에서 여맹 위원 임연순과 정치부 위원 김정호의 인도 하에 점차 각성하고 전장에서 위험을 무릅쓰고 부상병들을 호송하는 임무까지 훌륭히 완성하는 용감한 간호원으로 성장한다. 이렇게 전쟁 피해의 대상으로만 여겨졌던 여성들이 긍정적인 인물로 부상되는 데는 모두 인도자의 도움을 통하여 실현되는데 이런 인도자의 방조 하에 성장하는 모습은 작품에서 현실성을 한층 더 가해지는 것이다.

2) 비극을 배제한 영웅의 죽음

전장에서 희생은 불가피했다. 6·25전쟁제재의 소설에는 전투의 승리를 보장하기 위하여 스스럼없이 자신을 희생시키는 영웅들이 많이 등장한다. 자기 한 사람의 희생으로 전투의 승리를 보장하고 더 많은 사람들의 희생을 피할 수 있기 때문에 영웅은 기꺼이 자기를 희생시킨다. 희생된 영웅의 육체는 사라지지만 그의 영웅적 행동은 영원히 사람들의 마음 속에 남아있다. 그 전형으로 6·25전쟁 시기 1211고지를 수호하기 위하여 자기의 몸으로 적의 화구를 막아 영웅으로 칭송 받는 리수복을 들 수 있다.

『젊은 용사들』에서 리수복은 전투의 승리를 보장하기 위하여 기꺼이 자기 몸을 희생하는 영웅이다. 적군이 달려들고 고지의 사수 태세가 기울어졌을 때 대오가 돌격하는 길을 열어놓기 위하여 부대에서는 두개의 돌격조가 파견되는데 리수복을 조장으로 하는 돌격조에서는 좌측의 화구를 공격하게 된다. 이내 행동이 개시되고 다른 돌격조에서는 이미 우측의 화구를 순조롭게 제거해버렸지만 리수복의 돌격조에서는 순조롭지 못하였다. 갖고 간 두 개의 수류탄 중 하나는 빗나가고 하나는 맞추기는 했지만 화구 입구만 부숴 놓았기에 적들의 화구에서는 계속 불이 쏟아졌다. 적들의 거세찬 중기 화력에 같이 갔던 조원들도 옴짝달싹할 수가 없었고 어떤 조원은 부상까지 입었다. 시간은 일분 일초가 흐르고 돌격 준비의 신호탄이 이미 우측에서 올랐다. 리수복은 다른 전우의 수류탄을 집으려 했으나 일 미터 이상이나 멀리 떨어져 있는 상태라 어찌할 수가 없었다. 그 순간 고지 중턱에는 함성이 폭발했는데 더이상 지체할 수 없는 상황이었다. 이때 리수복이 우뚝 일어서서 적의 화구까지 쏜살같이 달려가 자기의 몸으로 적의 화구를 막는다. 모두의 이익을 위하여 그는 한시의 지체도 없이 나섰다. 그는 자기의 육체로 화구를 막음으로 하여 대오의 전진의 길을 터놓았고 전투의 승리를 보장하였다. 한 사람의 희생으로 집단의 이익을 보장한 것이다. 리수복은 희생되었다. 하지만 리수복의 소대장 권혁창은 그가 희생된 뒤에도 그가 고지 중턱에 쓰러져 있다고 여기지 않고 "리수복은 지금 원쑤를 갚자고 외치는 대렬 맨 앞에서 이 대렬을 이끌고 질풍처럼 앞으로 달려가고 있다." (『젊은 용사들』, 148쪽)고 생각한다.

소설 중 권혁창이 리수복은 죽지 않았다고 생각하는 것과 같이 전 북한인민들도 그의 죽음을 죽음으로만 받아들이지 않았다. 그것은 그의 전투 정신이 영원히 사람들의 마음속에 살아있기 때문이다. 따라서 그의 죽음의 비극도 배제되는 것이다.

리수복이 희생된 1211고지는 강원도 금강군에 있는 6·25전쟁 당시의 격전지이다. 전쟁 당시 밀고 밀리는 전투 끝에 북한이 차지하게 되었는데 그때 리수복이라는 실제 인물이 적의 화구를 몸으로 막았다 하여 영웅화되고 있다. 이로 인해 리수복은 북한의 대표적인 전쟁영웅으로 꼽히게 되었고 그의 이름은 지금까지 북한인민들의 기억 속에 남아있어 '리수복'은 위기에서 나라를 구한 사람의 대명사로 쓰이기까지 한다. 북한에서는 '90년대의 리수복이 되자'라는 정치 구호가 있었으며 1211고지, 리수복과 관련한 문예 창작물[2]도 여럿 있다.[3] 또 1990년에 북한에서는 '순천화학대학'을 '리수복대학'으로 개명한 바 있는데 이는 리수복이 전투가 끝난 지 몇 십년이 지났지만 의연히 사람들의 마음속에 살아있다는 것을 말해준다.

전장에서 많은 전사들이 용감하게 희생된 것으로 나타난다. 그러나 그들의 희생이 가져다 주는 것은 슬픔만이 아니라 오히려 그 정신이 승화되어 사람들에게 비장한 의지와 각오를 불러일으키기도 한다.

『젊은 용사들』에서 어린 전사 최성호의 죽음은 모든 대원들에게 그러했으나 특히 고영화의 가슴을 찌르게 하였다. 고영화는 원래 전투하는 것보다 먹을 것을 '공작'해오는 데만 정신을 쏟는 부대 내의 말썽꾸러기였다. 전투를 잘 하여 훈장을 타서 사진을 찍어 보내줄 것을 바라는 아내의 편지를 받고서 그렇게 하겠노라고 다짐한 그이지만 정작 전투에서

---

2) 1211고지전투는 조선에서 매우 영웅적인 전투로 칭송되는 전투이다. 1963년에는 리기성 연출의 『1211고지방위자들』이라는 영화가 제작되고, 1965년에는 정관철, 류현, 양재혁의 유화 『1211고지 전투』가 369cm×195cm의 대작으로 제작되기도 한 조선에서 선전하는 대표적인 선전담이다. 전쟁 당시 동부전선의 전략요충지인 1211고지를 탄약이 떨어지는 어려운 상황에서 바윗돌, 나무등걸, 맨주먹으로 지켜낸 후 고지 위에 공화국기를 휘날리고 '김일성 장군 만세'를 외쳤다는 내용이다.

3) 이상숙, 「북한문학의 '민족적 특성론'연구 -1950-1960년대를 중심으로」, 고려대학교박사학위논문, 2004, 124쪽.

는 여전히 두려움만 나타낸다. 전투에서 최성호와 동일한 부위에 부상을 입었는데 최성호는 아랑곳하지 않고 계속 용감히 싸워 나가지만 고영화는 앓는 소리만 하면서 앞장서서 적들을 추격하지 못하고 비겁하게 소대장을 따라 다니며 거꾸러진 놈에게 총을 쏜다. 그러다가 용감하게 싸우던 최성호가 희생되는데 그의 희생은 고영화를 부끄럽게 하였다. 부상을 입고도 용감하게 싸우던 최성호와 비교해볼 때 자기는 너무나 초라했던 것이다. 최성호의 죽음은 고영화로 하여금 이내 정신을 차리고 용감하게 전투에 임하게 하였다. 비록 소설의 마지막까지 고영화는 공을 세우지는 못하지만 그는 더이상 먹기만 좋아하고 전투는 뒷전이던 그런 사람이 아니라 적극적으로 전투에 임하는 전사가 되었다.

이외에 영웅 전사는 희생되었지만 그의 뒤를 잇는 후계자의 가입은 희생의 비극적 요소를 일층 감소시킨다. 『서울 사람들』에서 윤기철은 위기일발의 시각에 자기의 몸으로 적들의 탱크를 부시고 전투의 승리를 보장하고 희생된다. 하지만 그의 어린 동생 윤기옥이 자기의 키보다 더 큰 총을 메고 형의 뒤를 이어 대오에 나서서 전투에 참가하게 되는데 이는 혁명 정신의 계승성을 보여주면서 윤기철 죽음의 비극을 극소화해주기도 한다.

이렇게 전투 중에는 많은 사람들이 죽음을 맞이하게 되지만 그들의 죽음은 결코 슬픔으로만 끝나지 않는다. 엄호석은 북한문학작품 속의 비극에 대해 다음과 같이 말하고 있다.

> 우리 생활과 우리 문학에도 비극이 없지 않다. 그러나 우리 생활과 우리 문학에 있어서의 비극은 부르죠아 사회에 있어서처럼 해결의 길이 막힌 절망적이며 암담한 비극인 것이 아니라 인민의 전진 운동의 도상에 가로 놓인 난관과 적들과의 충돌에서 발생하나 미래의 전망을 열어 놓으면서 극복되는 비극이다.[4)]

죽음은 육체의 파멸을 의미하지만 전쟁제재 소설에서는 정신적인 영생으로 이런 죽음을 보상하는데 영웅의 죽음에는 농후한 이상화의 색채까지 가미해지고 있다. 이는 영웅인물의 생명은 개인의 생명의 가치를 초월하여 영구불멸의 혁명정신을 명시하기 때문이다.

이외에 많은 작품에는 죽음을 맞이하는 인물들이 조국

---

4) 이상숙, 「북한문학의 '민족적 특성론'연구 -1950-1960년대를 중심으로」, 고려대학교박사학위논문, 2004, 124쪽.

을 사랑하는 마음, 당에 대한 충성을 표현하는 행동을 취하게 되는데 임종 전 그들의 이런 행위는 그들의 죽음에 비장한 색채를 가해준다.

작품 중의 많은 인물들은 죽음을 맞이하는 순간에 모두 공동의 염원을 드러내고 있는데 그것은 바로 입당 청원이었다. 그리고 이미 입당을 한 사람들은 죽음에 임하여 공동적으로 취하는 행동이 있는데 그것인 즉 품속에 깊숙하게 품고 있었던 자기의 당원증을 맡기는 것이었다.

『젊은 용사들』에서 한차례의 전투에서 용감하게 싸운 최성호는 중상을 입고 생명이 위급하게 되었는데 임종 시 그는 세포위원장을 만나게 해달라는 간청을 한다. 곧 와 주기를 바란다는 부탁을 받고 달려온 세포위원장한테 그는 "저의 원—다못풀고 – 갑니다! 제 품속에 – 입당 청원서—수 수리해 주시…" (『젊은 용사들』, 47쪽)하고 간절한 부탁을 남긴 채 최후를 마친다. 적군 진지에 탱크를 부수러 들어갔던 김인철도 불행하게도 부상을 입고 쓰러지는데 위급한 상황에서 자기를 업고 가려는 소대장에게 자기를 내버려두고 빨리 가라고 간곡히 부탁하면서 품속에서 당원증을 꺼내서 맡긴다. 『행복』에서 김정호 역시 비상한 임무를 맡고 떠나기 전 죽음을 각오하고 자기의 소중한 당원증을 맡긴다.

죽음에 임하여 입당청원서를 내고 당원증을 맡기는 대목은 전장을 묘사한 소설들에서 많이 나타나는 장면이다. 입당하는 것은 매개 전사들의 소원이었기에 그들은 입당청원서를 언제나 품속에 지니고 다닌다. 또한 입당한 당원들에게 있어서 당원증은 무엇보다도 중요하였기에 그것은 언제나 신성한 것으로 간주된다. 그들이 죽는 순간에 입당을 청원하고 당원증을 부탁하는 것은 조국의 일원으로서 당원으로서 임무를 충실히 잘 완수하였다는 입증이 되기도 한다. 작품에서 이런 대목의 설정은 진실한 상황에서도 그러하겠지만 북한군인들의 조국에 충성하고 당에 충성하는 꿋꿋하고 바른 마음을 표시하기 위함으로 보인다.

또 많은 사람들은 위기일발의 시각에 조국에 대한 사랑의 외침으로 최후를 맞이하는데 이런 격찬 외침 소리는 죽음을 맞이하는 순간 사람들의 마음속에서 우러나는 진실한 정감의 표현인 것이다.

『조국』에서 박병훈은 젊은 여인을 희롱한 미군병사를 집단 구타하여 사망하게 한 사건을 주도함으로 그의 가족과 함께 사형을 당하게 되는데 그는 죽는 순간 조국에 대한 절절한 사랑을 나타낸다.

그는 두 번째 탄환을 받았을 때 있는 힘을 다 내며 웨쳤다.

"조선 민주주의 인민 공화국 만세!"

이것이 그가 마지막으로 세상에 남긴 말이었는데 그것은 그가 세상에서 자기 조국에 대한 마지막 인사였던 것이다. 그의 목소리를 받아 쓰러지는 사람과 또 쓰러진 사람들이 만세를 불렀다.

"조선 민주주의 인민 공화국 만세!"

"조선 로동당 만세!"

(『조국』, 339쪽)

『개마고원』에서도 미군 장교의 명령에 따라 치안대원과 한국군인들이 당원을 찾아내려고 남녀노소 가릴 것 없이 모두 잡아와 버드나무밭에 모아놓고 총살을 감행하는데 적군 장교의 사격 명령이 떨어지고 적군병사들의 총 끝에서 새파란 불이 번쩍번쩍하며 총소리가 귀창을 찌를 듯이 들려올 때 버드나무밭 속에서 어떤 사나이의 함성이 총소리를 가르며 들려온다.

"이 개새끼들아! 똑똑히 기억해 둬라! 복수를 당할 날이 먼 줄 아느냐!"

……

총소리는 더욱 세차지고 버들 무더기 속에 희슥희슥 몸을 비틀며 넘어지는 모습들이 완연한데 이제는 그도 숨이 꺼지는 듯 사나이의 목소리는 뚝뚝 끊기면서도 다시금 들려왔다.

"조선 민주주의 …인민 …공화국…만세…"

그러자 두서 명의 남녀 음성이 "만세…", "만세…"하고 들릴락 말락 그 뒤를 이었다.

(『개마고원』, 380쪽)

적에게 붙잡혀 억울하게 죽어가는 사람들은 외친다. 짧은 한 마디의 만세소리이지만 거기에 포함된 사람들의 마음은 진실한 것이었다. 거기에는 자기들의 조국을 침략한 침략자들에 대한 증오의 마음이 깃들어 있으며 조국이 외제를 몰아내고 빨리 평화통일을 회복할 것을 바라는 염원이 들어있다. 죽음의 순간 이런 내심으로부터 우러나오는 구호의 외침은 사람들에게 강렬한 충격을 가져다 준다. 이는 간접적으로 사람들에게 조선노동당에 대한 신앙의 마음을 심어주고 조국을 사랑하는 애국주의 정신을 심어주기도 한다.

기실 현실 상황에서 많은 사람들은 죽음을 맞이하면서 이렇게 조국에 대한 절절한 사랑을 나타내며 힘차게 그 마음을 표현했던 것 같다.

『한국전쟁 .2 NARA에서 찾은 6·25전쟁의 기억』[5)]에는 1950~1953 미국국립문서기록보관청의 사진들 중에는 1950년 4월 14일에 서울에서 감행했던 한 차례의 처형을 보여준 사진들이 실려 있는데 그 아래는 다음과 같이 씌어 있다.

> 첨부된 15매의 사진들은 한국 서울에서 아주 빈번하게 수행되었던 것으로 정상적인 처형을 보여준다. 39명의 희생자들은 대한민국정부를 전복하려는 활동을 한 것으로 판정된 모두 자백한 공산주의자들이다. 처형은 한국군 헌병대장의 감독 하에 헌병들에 의해서 집행되었다. 처형은 서울의 동북쪽 약 10마일 떨어진 언덕에서 1950년 4월 14일 15:00시에 있었다. 처형을 관람한 사람들은 약 200명의 한국군 인사들과 미육군무관을 포함한 6명의 미군 장교들이 포함되어 있었다. 사진들은 OSI Dist #8 소속 Mr

---

5) 엄호석, 「인민군대와 우리 문학」, 『조선문학』, 1958. 『현대문학비평자료집4(이북편)』, 390쪽 재인용.

> Donald Nichols가 라이카 카메라로 찍었다. 희생자들은 공산주의자들의 노래를 불렀으며 총격이 가해지자 그들은 북한 지도자 만세를 불렀다. 그들은 총살 집행관들을 담담한 태도로 바라보았으며 용감하게 죽어갔다.
>
> 육군 무관 중령 밥 에드워드

나라가 수난을 당하는 년대에 진정으로 조국을 위하여 용감하게 싸우는 사람들도 많았을 것이고 진정으로 조국의 수난에 비통해하고 분개해 하는 사람도 많았을 것이며 진정으로 힘을 다하여 제 한 목숨을 바치는 사람들도 많았을 것이다. 소설 속에서 용감한 사람들의 모습과 행위는 실제 사실이 바탕으로 되었기에 더욱 긍정적일 수도 있다.

3) 혁명의 전통성에 대한 강조

많은 소설에서는 긍정적 인물의 위 세대 사람들이 혁명가로 설정되어 그들이 위 세대 사람들의 영향 하에 그 투지를 이어받고 혁명 전사로 된다는 것이 강조된다.

『개마고원』에서 김경석의 영웅적인 행동의 시작은 그의 할아버지로 거슬러 올라간다. 그의 할아버지는 의병란에 참가하여 일본군에게 저항하다 처참하게 학살당하지만 대장부다운 놀라운 의지를 나타낸다. 잔혹한 일본군은 경석의 할아버지를 한길로 끌고 나가 목에 밧줄로 올가미를 걸고 그 밧줄을 말 뒤 꼬리에 매달은 다음 말을 달리게 했다. 할아버지는 다리고, 엉덩이고, 잔등이고, 머리고 할 것없이 온통 돌뿌리에 찍히고 긁히며 구불구불한 밭 사잇길을 이리저리 비틀리며 끌려 간다. 하지만 말을 달리기 시작했을 때 목에 감긴 올가미로 손을 가져간 할아버지는 그 무지스런 타격속에서도 끝내 그것을 벗기고 마는데 이는 적들의 화를 더욱 돋우어 팔까지 묶고 강물 속에서 말을 달린다. 그런데 말이 걷기 어려워 머뭇머뭇하는 사이에 숨이 넘어 갔을 것이라고 생각한 할아버지는 물속에서 휘청휘청하며 완강하게 일어서더니 언덕 쪽에 있는 사람들을 바라보며 "이놈들을…이놈들을 갈아 먹지 못하는구나! …이놈들이 하는 짓을 …똑똑히 …봐 두어라아! …잊어버리지 말아라아!" (『개마고원』, 16쪽)하고 우렁차게 외친다. 이렇게 무참한 혹형 앞에서도 경석의 할아버지는 놈들과 끝까지 당당하게 싸우는 놀라운 의지를 나타낸다. 어렸을 때부터 할머니에게 할아버지께서 일제에 완강하게 저항하던 이야기를 들으며 자란 경석의 어린 마음 속에는 할아버지의 형상이 본보기로 남아있었다. 일제에 용감하게 대항하는 이런 꿋꿋한 정신은 경석에게 십진가를 가르치고 별나라 잡지를 보여주던 조국광복회의 활동을 하다가 목숨을 잃은 사촌 형을 통해서도 확인해볼 수 있다. 때문에 경석의 불굴의 투지는 할아버지로부터 시작되어 사촌 형에게 이르기까지 나라를 지키려는 애국심과 일본에 대한 저항의식이 그의 내면 깊이 내재되어 있었던 것으로 볼 수 있다.

『젊은 용사들』에서 용감하게 죽어가는 최성호의 아버지는 미군의 군용열차를 전복시킨 것이 탄로되어 놈들에게 학살당한 것이 신문에 보도되었던 전투 영웅이었고 권혁창의 어머니도 비록 전투 영웅은 아닐지라도 북간도로 갈 때 일본군경에게 용감하게 대드는 당당한 기상을 지닌 여인이었다. 영웅적인 인물들을 보면 대부분 가족적인 영웅상을 드러나는데 소설에서의 이런 설정은 북한사람들의 꿋꿋한 의지, 당당한 기상이 자자손손 전해져 내려간다는 혁명 전통에 대한 강조가 되기도 한다.

작품에서는 이런 가족적인 혁명 전통이 강조될 뿐만 아니라 민족적인 혁명 전통도 많이 강조되고 있다. 작품의 곳곳에는 이순신 장군, 을지문덕, 김일성 장군에 대한 이야기가 나오고 이전 시기 혁명 때의 역사를 자랑하는 장면이 많이 삽입된다.

『향토』에서는 어랑 땅에서 일어났던 의병들의 이야기가 어랑천 노인들의 입에서 자주 거론된다. 특히 마을의 리돈식 노인은 임진왜란 때 어랑 땅 팔의사의 이야기를 언제나 자기가 직접 본 것처럼 흥미진진하게 마을의 젊은이들에게 이야기해주곤 한다. 임진왜란 때 왜적의 침입을 받자 어랑의 의병 장수 여덟 명이 민중에게 격문을 내고 창의를 해서 민중이 요원의 불길을 이루었는데 그들이 모여든 사람들을 거느리고 왜적 3만대군을 용감하게 물리쳤다는 이야기이다. 그는 어랑 땅에는 투지가 강한 의사들이 많이 나는 곳이며 그들은 이런 의병들의 후예이기 때문에 우량한 혁명 전통을 이어받아 미군이 쳐들어와도 힘을 합쳐 용감히 싸우기만 하면 놈들을 몰아낼 수 있다고 강조한다.

『대동강』에서 평양 시민을 비롯한 노동자들은 어려움에 처할 때마다 민족 영웅과 그들의 행적을 떠올리면서 맡은 공작을 더욱 성실히 수행하며 당면한 어려움을 감내한다. 그들은 자신의 소임을 가깝게는 '김일성 장군', 멀게는 '이순신 장군'의 행적과 접맥시키며 역사적 연속성을 강조한다.

> 장구한 시일동안-- 바로 해방전까지 왜군과 싸운 빛나는 빨찌산의 역사를 가진 조선 사람의 자랑을 점순은 곧 자

기의 자랑으로 생각했다. 점순이 자신도 바로 빨찌산의 자손이라고 생각하였던 것이다.

(『대동강』, 235쪽)

우연이란 있을 수 있소. 꼭 전통이 있어야 하는 거야. 리순신 장군 이전에도 리순신 장군 이후에도 수 많은 장군이 있었고 우리 시대에 와서는 우리의 장군님이 나시지 않았소. 또 그 아래서 수많은 빨찌산과 인민 군대 용사와 영웅들이 생겨 나지 않았소.

(『대동강』, 238쪽)

여기서 작가는 북한의 역사적인 전통성과 연속성을 강조하고 있는데 적치하 평양시내에 남아서 지하활동을 벌리는 노동자들은 일제식민지통치하에서 항일 항쟁을 하는 사람들의 후예이며 나아가 임진왜란 당시 이순신 장군의 후예들이라는 것이다. 작품에서는 특히 '김일성 장군'이 많이 강조되는데 그는 당시에 현존하는 영웅이자 모든 영웅의 전범으로 되었다.

『개마고원』에서 경석이는 집에서 할머니한테 할아버지의 이야기를 들으면서 자랐을 뿐만 아니라 학교에 다닐 때는 을지문덕이며 이순신 장군의 이야기를 들으면서 자랐다. 또 그는 해방을 맞아 3개월 간 도당학교에서 강습을 받으면서 '해방투쟁사'를 공부하고 개마고원자락에서 활동을 펼친 김일성 장군의 항일빨치산운동 이야기를 듣게 되는데 이 또한 경석에게 큰 영향을 미친다. 여러 가지 요소의 영향을 받은 김경석은 그 자신이 불굴의 의지를 갖게 된 인물로 성장할 뿐만 아니라 나아가서는 다른 사람들을 이끌어 미군의 침략을 반대하는 투쟁에 나서게 한다. 미군의 침입에 직면하여 빨치산으로 떠나게 된 김경석은 사람들에게 이렇게 호소한다.

> "동무들! 우리 령북땅의 영광을 살립시다. …보천보의 영광을 살립시다! 여기는 산등과 골짜기와 삼림과 강변의 어디에나 김일성 항일 빨찌산의 의로운 발길이 수없이 드나들던 곳입니다. 남반부 공작에 나간 남재한 동무가 있었다면 더욱 생생하게 그 때를 말했을 것입니다. 또한 여기는 홍범도, 차도순, 태양옥이 등 의병들이 일본 헌병의 대포 앞에 매명 화승총을 들고 …그 총들로도 적들을 쩔쩔매게 하던 곳입니다….김일성 장군은 일제가 중국 본토에까지 손을 뻗치며 전 아세아를 굽어 보던 그 시기

에도 승리의 신심을 잃지 않았으며 력사발전 법칙을 믿고 있었습니다. 마…말 못 할 주림과 사나운 폭풍우와 눈보라 속에서도 잿무지를 헤치고 또 헤쳤으며 부…불을 불어 일으키고 또 불어 일으켰습니다. 김일성 장군은 오늘 다시 우리들에게 한치의 땅도 원쑤들에게 내여 주지 말 것을 호소하고 있습니다. 그 원쑤를 몰아 내기 위하여서는 마…마지막 피 한 방울까지도 아까와 말아야 할 것을 자신들에게 다져야 하겠습니다. 우리의 후대들에게 수치와 고통을 주어서는 안되겠습니다. 승리는 끝까지 우리들의 것입니다."

(『개마고원』, 328쪽)

여기에서 밝혀지듯이 그들의 선택은 김일성 장군의 길을 따르는 것이다. 경석은 개마고원의 일대에서 빨치산 활동을 전개하는데 이것은 과거 홍범도의 의병에서부터 김일성 항일빨치산운동에 이르기까지 나라를 지키려는 의지들이 깃든 역사적 의미를 지닌다. 여기에는 김일성의 항일빨치산활동이 조국의 독립을 이루었듯이 6·25전쟁 역시 승리할 것이라는 것을 암시하기도 한다.

이렇게 작품의 여기저기에 이런 민족적인 애국영웅들의

이야기가 많이 나타나는 것은 당시 문단에서의 호소와 일정한 관계가 있다고 본다. 김일성은 "우리 작가 예술가들은 애국심과 아울러 우리 민족에 대한 높은 자부심을 작품에 표현하여야 하겠습니다."[6]라고 하였다. 엄호석도 애국주의사상을 논하면서 역사적 영웅들을 많이 묘사할 필요성을 강조하였다.

> 을지문덕 연개소문 강감찬 그리고 리순신이 그러한 영웅들로서 과거의 우리 조국이 자랑하는 사대 명장으로 널리 알려지고 있다. 이들의 애국주의는 인민의 요구에 호응되어 인민의 지지를 받은 민주주의적 성격을 가졌으며 오늘의 새로운 애국주의와 전통적으로 연결되어 오늘에도 널리 살아있다. 이들 중 리순신장군과 을지문덕장군은 널리 인민의 전설 속에 살고 있으면서 일제의 강점으로 말미암아 민족적 비운에 빠진 조선인민의 애국심을 고무하는 고귀한 역사적 생명을 가지고 있었을 뿐 아니라 오늘의 인민 앞에서도 그 거대한 고무력이 사라져 가긴 커녕 오히려 그 역사적 시간의 중압으로 더욱 더 커가고 있는 것이다. 그렇기 때문에 이들 역사적 영웅의 문학적 묘사는 인민을 애국

6) 박도 엮음, 『한국전쟁 .2 NARA에서 찾은 6·25전쟁의 기억』, 눈빛, 2010, 547쪽.

주의적으로 교양하는데 있어서 막대한 의의를 갖는 것이다.[7)]

북한 인민이 억압과 착취의 험난한 길을 걸어오면서도 잠시도 정체함이 없이 놈들을 반대하여 꿋꿋하게 싸워 왔다는 사실을 그리고 그러한 특출한 인민의 숭고한 애국 전통을 자랑한다. 역사적인 영웅인물들의 영웅적 행적은 전쟁을 직면하고 있는 북한 인민을 애국주의적으로 교양하여 그들이 민족의 영웅들처럼 조국을 해방하는 전쟁에서 용감성을 발휘하도록 고무격려하는 작용을 하고 있다.

여기에서 주목해볼 것은 김일성에 대한 찬양이 작품에 상대적으로 많이 나타난다는 것이다. 그도 그럴 것이 해방 전에는 영웅적으로 항일빨치산활동을 하고 해방 후에는 북한인민들을 영도하여 사회주의건설에 나섰던 김일성이 북한 인민에게 있어서는 현대의 우상이었을 것이다. 때문에 미군의 침입을 반대하는 투쟁에서도 그런 영웅을 숭배하고 따르려는 마음을 표현했을 것이다. 하지만 다른 한 면으로 볼 때 이는 1950년대초기에 있었던 정치투쟁과도 일정한 관련이 있다. 1950년10월, 유엔군의 대규모적인 인천상륙작전으로

7)『김일성선집』제3권, 조선로동당출판사, 1954, 291쪽.

중국군이 북한의 요청에 의하여 참전하게 되는데 군사작전과 전선의 일체 작전을 조·중 연합사령부가 맡았기에 김일성은 그 동안 힘을 쏟지 못했던 당과 정치를 재정비할 수 있는 여유가 생겼고 정치투쟁에 관심을 돌림으로써 경쟁자들을 숙청하고 자신의 체재를 공고히 하였다.[8)] 이런 정치적인 요소는 작가들의 창작에도 일정한 영향을 주었을 것으로 보인다. 주지하다시피 북한에서는 1950년대 후반기에 이르러 김일성에 대한 우상화가 점차 극대화되면서 1960년대에는 주체사상이 본격화 되기까지 이른다. 이를 감안해 볼 때 1950년대의 소설에서 기타 민족영웅들과 더불어 김일성에 대한 찬양이 많이 나타나게 되는 것은 북한인민의 우수성과 애국적 인물들의 이야기를 통해 민족의식을 고취하면서 다른 한편으로는 현대의 영웅인 김일성을 이끌어내어 본격적으로 우상화하는 초보단계로 볼 수 있다.

8) 김호웅, 정문권, 김관웅, 『북한문화와 문학의 역사적 이해』, 창과현, 2004, 99-104쪽 참조

2. 사랑이야기 서사

사랑은 영원한 주제이다. 그것은 전쟁시기이든 평화시기이든 사람이 살아감에 있어서 기필코 부딪치게 되는 문제이기도 하다. 1950년대의 6·25전쟁제재 소설에도 사랑이야기가 거론되는데 소설 속에서 사랑이야기 자체로서의 존재가치보다 대부분은 다른 주제에 종속되고 그것을 돋보이게 하는 보조 작용의 지위에 놓여있다.

1) 혁명 우위 숭고한 사랑

1950년대 6·25전쟁제재 소설에서 사랑은 모두 혁명을 우위로 하는 숭고한 사랑이라고 할 수 있다. 혁명가가 애정에 지나치게 치우치면 그만큼 전쟁에 대한 몰입이 적어지게 된다. 때문에 이 시기 사람들은 애정과 혁명이 충돌될 때 혁명을 우선으로 하는 숭고한 사랑을 하는 것으로 나타난다.

『행복』에서 적들의 폭격에 가족을 몽땅 잃어버린 서례주는 정임의 소개로 병원의 간호원이 되는데 정치부 일꾼인 김정호의 병실에서 그를 돌보게 되었다. 례주는 책임감있게 김정호를 극진히 보살펴주었고 김정호는 가족 잃은 슬픔에서 헤어나오지 못하는 례주를 따뜻하게 위로해주기도 하고 그에게 정치교육을 시키기도 한다. 이런 빈번한 접촉 가운데서 둘은 서로에게 마음을 사로잡히게 되며 애틋한 사랑이 싹트게 되었다. 그러던 중 상처의 빠른 회복을 위하여 김정호는 서울병원으로 후송되는데 후송되기 전 례주는 마침내 김정호에게 사랑고백을 받는다. 하지만 그들의 사랑도 시기를 잘못 만난 듯, 두 사람은 사랑을 속삭일 시간도 없이 이내 갈라져야만 했다. 그들은 사랑을 전쟁 승리 후로 기약하고 각자의 혁명 사업에 다시 투입하게 된다. 두 사람의 서로에 대한 마음의 확인은 그들에게 있어서 투쟁가운데서 서로를 격려하는 것이 되었다. 소설의 후반부에 례주가 부상병들을 호송하며 후퇴하는 과정에 미군과 조우하게 되는데 그의 머리 속에 떠오르는 것은 "다시 돌아나올 그 날을 위하여…."라는 김정호와의 약속이었다. 이 한마디 말은 례주에게 동력이 되어 그로 하여금 적극적으로 적을 무찌르는 대오에 자진해 나가게 했으며 전투 가운데서 뛰어난 용감함을 발휘하게 하였다. 정호와의 사랑이 적을 무찌르는 촉매제로 된 것이다.

『조국』에서 안태하와 한정옥은 서로에게 너무나 중요한 존재였다. 어릴 때 부모를 여의고 먼 친척집에서 고생만 하다가 남의 집의 민며느리로 들어갔던 한정옥은 어느 추운 겨울날 밤 홑옷바람으로 뛰쳐나와 고아원에서 자라게 된다. 몇 해가 지나 탄광마을로 오게 된 그는 안태하와 사랑을 속삭이게 된다. 그때부터 한정옥에게 있어서 안태하는 유일한 의지가 되었다. 전쟁이 폭발하여 적들이 탄광마을로 쳐들어오게 되자 다른 노동자들은 모두 후퇴의 길에 오르는데 안태하만 철교를 폭발하는 임무를 수행하러 홀로 떠난다. 안태하에게 부담을 주지 않기 위하여 다른 노동자들과 함께 먼저 떠난 한정옥은 시종 그에 대한 근심으로 가슴을 조이며 다른 사람들이 다 잠든 밤에도 잠을 못 이룬다. 태하가 죽음의 고비에서 탈출하여 그들을 따라 왔을 때에야 안도의 눈물을 흘리는 한정옥이다. 안태하도 임무수행에 나서서도 죽음의 고비에서 벗어나 대오를 찾아 헤맬 때도 늘 한정옥을 근심하였다.

이렇게 서로를 절절히 사랑하는 청년남녀이지만 산으로 들어가 빨치산 대원이 된 후로는 사랑보다도 혁명에 전념하게 된다. 오매에도 그리던 두 사람은 상봉한 지 얼마 되지 않아 각자 임무를 맡고 임무수행에 나선다. 한정옥은 적군 역량에 대한 정찰사업을 위하여 홑몸으로 적의 굴로 들어가게 되고 안태하는 탄광의 해방을 위하여 정찰사업으로 분주히 보낸다. 전쟁은 이 평범한 두 청년남녀에게 개인감정보다 조국의 안위가 더 중요하다는 것을 깨닫게 하였고 그것을 행동으로 옮기게 하였다.

위에서 살펴본 사랑은 혁명을 위하여 개인의 감정을 잠시 제쳐 놓는 혁명 우위의 사랑이다. 이들은 모두 개인의 감정을 절제하고 나라의 이익을 우선으로 혁명에 투입하게 되는데 여기에는 혁명의 이익이 개인의 사랑을 초월한다는 북한문학의 목적성이 강조되기도 한다.

2) 계급성을 반영한 사랑

전후 북한은 당성과 계급성이 강조했는데 이는 사랑 묘사에 직접적인 영향을 준다. 『개마고원』[9]에서 당 일꾼인 김경

---

9) 『개마고원』에서 사랑이야기는 총 50개 장에서 12개 장에 달하는 바 상당한 부분을 차지하는데

석, 지주 딸 정순희, 혁명적인 여인 안계숙 세 사람 사이의 사랑이야기를 다루었는데 남녀 주인공들의 사랑의 갈등 속에서의 섬세한 심리를 잘 그려냈다.

주인공 김경석과 정순희는 초등학교 4학년 때의 짝으로 처음 인연을 맺게 된다. 경석이는 어린 하급생을 괴롭히는 순희의 육촌 뻘 오빠와 싸워서 상처를 입게 되었는데 이것을 지켜보던 순희가 경석을 치료해 준 것이다. 이렇게 그들은 어린 시절 순수한 감정으로부터 사랑이 싹터 집안 환경이 다르고 부모들의 반대에도 불구하고 약혼까지 이른다. 하지만 해방이 되어 당 일꾼으로 된 경석이 점차 각성함에 따라 그의 생각도 달라지게 된다. 그는 남자로서의 순희에 대한 깊은 사랑을 느끼지만 다른 한면으로 그들 둘은 반드시 시대가 요구하는 새 인물이 되어야 한다는 것을 깨닫게 된다. 그리하여 경석은 순희에게 정치학교에서 공부할 것을 제의하지만 순희는 그의 아버지와 오빠의 반대로 정치 학교 활동에 참여하지 못하게 된다. 또 경석은 순희에게 일제의 잔재를 청산하지 못한 가족들과 인연을 끊고 집을 떠나 독립할 것을 권유하지만 순희는 우유부단하며 자신의 가족관계를 정리하지 못한다. 이에 경석은 실망감을 느끼며 마음이 흔들린다.

1950년대 전쟁제재 소설 중에서 애정묘사가 제일 많은 소설이다.

한편 경석은 당 사업을 하는 과정에 여맹 위원 안계숙과 만나게 되는데 교사 경력도 가지고 있는 그는 새로운 사상을 가지고 있는 밝고도 적극적인 여인이었다. 경석은 계숙을 처음 보는 순간부터 호감을 갖게 되고 당의 일을 같이 하는 동안 자연스럽게 계숙에게 마음이 가기 시작했다. 안계숙 역시 경석에게 마음이 끌리면서 그들의 사랑은 점차 움트기 시작하였다. 순희는 경석이가 안계숙에게 마음이 끌리고 자기와는 점점 멀어져 가는 것을 눈치채고 괴로움에 못 이겨 복수의 마음을 품고 안계숙의 집에 찾아가서 자살을 시도하지만 옆집 노인한테 발각되어 구원된다. 순희의 자살미수사건 이후 안계숙은 마음의 안정을 찾으려고 다른 군 여맹으로 자리를 옮긴다. 순희 역시 자포자기하여 이웃마을 언니네 집에 가 있다가 그 마을에 시집을 가게 되는데 결혼 후 포악하고 야비한 남편은 미군, 한국군의 앞잡이가 되어 그를 하수인으로 이용하기까지 한다. 이러한 남편을 만류하던 순희는 끝내 남편의 칼에 찔려 죽고 만다.

전쟁의 혼란 속에서 당 일꾼으로 일하고 있던 경석과 계숙은 다시금 상봉하게 되지만 서로의 마음을 확인하지 않은 채 일에만 파묻히다가 전쟁이 일단락 된 후에야 다시 마음을 서로 열고 결혼하기에 이른다. 기실 당시의 시대 배경 하에서 안계숙과 경석의 결합가능성은 컸다. 그들은 같은 빈농 출신 계급이고 당사업에서의 동지관계였기에 전진의 방향이 같았고 생활의 목표가 같았다. 더욱이 그들은 주위 당 일꾼들의 지지까지 받았다. 당 일꾼인 남재한이 경석이와 순희가 갈라지지 않은 것을 번연히 알면서도 경석에게 안계숙과의 발전을 암시하는 데서 알 수 있다. 이 소설에서 경석이 어릴 때부터 사귀어 온 지주의 딸 순희를 포기하고 같은 농민 계급인 안계숙을 선택한 것은 한 가지 메세지를 전해준다. 그것은 당의 사업을 수행하는 일꾼의 역할을 이행하는 당적 계급적인 사랑을 추구한다는 것이다. 이는 소설의 마지막 부분에 경석이 계숙에게 청혼을 할 때 한 말로 알 수 있다.

> "동무는 그런 생각이 안 드시오? 조국 통일의 과업은 그대로 남아 있구, 그 의미에서는 여전히 아무것두 한 것 같은 심사는 못 되오만 이제부터는 일을 보다 더 온전히 할 것 같구… 더 한껏 싸울 수 있을 것 같구…주위의 사람들두 더 위하구 애낄 수 있을 것 같구…그런 생각이 안 드십니까?"
>
> (『개마고원』, 417쪽)

즉 경석과 계숙이 결혼을 하는 것은 두 사람만의 행복의 결말이 아니라 보다 큰 사랑, 즉 두 사람이 동지가 되어 새로운 국가건설에 손잡고 혼신의 힘을 기울이기 위한 새로운 출발의 의미를 갖는다.

이 소설에서 작가는 사랑의 삼각관계를 설정하여 혁명적으로 맺어진 사랑이 승리하게 하였는데 이는 안계숙이 대표하는 입장, 노선 등이 당시 사회의 주류 의식에 부합되었기에 당 일꾼 경석의 선택 대상이 되는 필연적인 결과를 가져왔다고 할 수 있다.

『향토』에서 분옥이도 사랑을 선택함에 있어서 모든 면에서 '우수'한 고영순을 거절하고 송을석을 선택한다. 화전농의 딸로 자란 분옥이는 어릴 적부터 많은 고생을 해왔기에 그의 부모는 딸을 형편이 좀 나은 곳으로 시집을 보낼 것을 원한다. 마침, 해방되던 해 봄에 마을 지주 고성재의 먼 친척인 고석만의 아들 고영순을 앞세워가지고 분옥의 아버지를 찾아와서 청혼을 한다. 고영순은 이 해에 길주의 상업학교를 졸업하고 어느 도시의 은행에 취직할 것이 예정되어 있었다. 분옥의 일가에서는 고석만 일가의 살림이 궁하지 않고 또 고영순이 중학을 졸업하게 되는 장래가 유망한 청년임을 좋게 생각했다. 그리하여 반강제적 다짐으로 분옥이에게 허락할 것을 요구하였다. 이 청천벽력 같은 상황에서 분옥이는 남몰래 속을 태우며 울음으로 항거하였다. 그때 분옥이는 이미 송을석을 마음에 두고 있었지만 그 역시 자기와 같은 빈농의 자식이어서 가정형편이 고영순만 못했고 또 고영순만큼 학교도 다니지 못하고 직업도 없는 사람이었다. 게다가 당시 멀리 북간도로 가 빨치산 활동을 하고 있었다. 집에서는 고영순을 받아들일 것을 요구하고 분옥이는 그것을 반대하면서 가정에는 늘 불화가 일어났다. 이렇게 몇 해가 지난 뒤 빨치산 활동을 하던 송을석이 마침내 돌아오고 마침 동북에 가 있던 오빠 봉규의 도움아래 마침내 자기가 원하던 사랑을 이룩하게 된다.

이렇게 『개마고원』에서 경석이나 『향토』에서 분옥이는 사랑을 선택함에 있어서 자기와 같은 계급인 상대를 선택하였다. 여러모로 조건이 좋은 지주나 인척관계가 있는 사람들을 선택하지 않고 소박하고 혁명적이며 같은 계급의 사람들을 선택한 것은 당시 새로운 사회에서 부르주아 잔재를 청산하고 계급 입장을 분명히 할 것을 요구하는 사회 주류의 요구에 부합하였다.

3) 우수함을 돋보이게 하는 사랑

1950년대 6·25전쟁을 제재로 하고 있는 일부 소설에서 사랑이야기에 대한 서술은 남자주인공을 돋보이기 위한 '도구'로써 작용을 하기도 한다. 흔히 여성들이 남성들의 견강한 의지, 우수한 인격 매력 등에 사로잡혀 사모하게 되었다고 서술되거나 그들의 우수함에 감동을 받고 해피엔딩으로 끝나는 것이 많다.

『도성소대장과 그의 전사들』에서 영애는 임무수행 중에 부상을 입고 바위 옆에 쓰러져있는 김도성을 발견하고 자기의 집으로 데리고 오면서 그와 인연을 맺게 된다. 영애 집 식구들의 세심한 보살핌 하에 김도성은 점차 정신이 회복되고 나흘만에 그 집을 떠나 자기의 대오를 찾아간다. 그러던 어느 날, 도성은 미군을 피해 산속에 숨어있는 영애를 우연하게 만나게 된다. 영애는 여자 사냥에 눈이 벌건 미군이 자기네 집에 수시로 찾아오기 때문에 그것을 피하여 산속으로 숨었던 것이다. 도성은 대원들을 거느리고 영애를 도와 미군의 감시 하에 있는 그의 어머니를 구출해내고 두 모녀를 안전한 곳으로 보낸다. 다시금 상봉하게 된 두 남녀는 갈라지기가 애석하였지만 다시 만날 날을 기약하면서 헤어진다. 몇 달이 지난 후 전선의 이동으로 김도성은 영애가 있는 지방까지 오게 되는데 영애는 인민군이 온다는 소식을 듣고 며칠 전부터 도성을 찾아다니다가 결국 어려운 상봉을 하게 된다. 도성의 영향 하에 영애는 더는 이리저리 피해다니기만 하는 나약한 여인이 아니라 혁명활동에 적극 참가하는 사람이 된다. 이 소설에서 영애는 소설의 중반부에 가서야 등장하게 되는데 그의 등장은 다소 의외라는 느낌을 주기도 한다. 여기서 도성을 사모하게 되는 영애를 등장시킨 것은 주인공인 도성의 우수한 품격을 더욱 돋보이게 하는 역할을 한다.

『흰 구름피는 땅』에서 제대군인 김철수와 서영옥의 사랑 이야기는 비교적 굴곡이 많게 쓰였다. 소설에서 김철수는 전쟁에서 한쪽 팔을 잃고 얼굴이 일그러질 정도의 화상을 입고 고향에 돌아온다. 그는 중상을 입은 만큼 전쟁에서 고난을 겪었고 전쟁영웅으로서 고향사람들의 환영을 받았다. 고난이 많은 전쟁 시기에 끔찍한 외모는 그리 중요하지 않았으며 도리어 그것은 영웅의 표상으로 되고 있다. 이는 철수를 대하는 고향사람들의 태도에서 알아볼 수 있다. 하지만 그와 한평생 얼굴을 맞대고 살아야 할 철수의 약혼녀 서영옥은 추하게 된 그의 외모를 쉽게 받아들이지 못한다. 그리하여 철수를 외면하면서 고민과 방황에 부딪쳐서 그와 말조차 하지 않으려 했다. 이에 철수는 무척 괴로워했지만 이내 마음을 고쳐먹고 모든 정신을 마을 사업에 몰두한다. 전쟁에 회의를 느끼며 양수장 복구 건설을 포기하고 농사를 짓지 않으려는 마을사람들을 설득하여 농사를 짓게 하고 마을의 여러 가지 모순들을 즉시에 포착하고 해결하는 그는 이내 마을의 주력군이 된다. 상이군인으로서 몸이 불편함에도 불구하고 모든 일에서 솔선수범하여 나서는 그는 과로한 탓에 병이 엄중해져 입원하기에 이른다. 철수의 이런 책임감이 강하고 활기찬 모습에 감동을 받은 서영옥은 마침내 자기의 못난 행위를 뉘우치고 마음을 돌려 그를 찾아간다. 소설은 해피엔딩으로 끝을 맺는데 고민하고 방황하던 영옥이 다시금 그를 찾아가게 된 것은 철수의 우수한 인격 매력이 그의 외재적인 결점을 덮었기 때문이다. 철수를 외면하다가 다시금 찾아가는 영옥이의 이런 행위는 철수의 우수한 인격 매력을 한층 돋보이게 한다.

이렇게 작품에서 일부 사랑이야기는 남자 주인공들의 우수한 품성을 한층 돋보이기 위한 '도구'로 설정되기도 한다.

3. 인물 형상과 주제 돌출을 위한 서사 전략

1) 다양한 갈등 설정

전쟁제재 소설에서의 갈등은 피아가 분명한 이원론적인 갈등이라고 할 수 있다. 전쟁이라는 자체가 전쟁 쌍방의 최고 갈등의 표현이기 때문이다. 앞에서 살펴본 바와 같이 1950년대 전쟁제재 소설에는 북한인민과 그 적수인 미군, 한국군과 치안대, 경찰 사이의 피아가 분명한 단일한 갈등구조를 이루고 있다. 하지만 전후에 창작된 소설들에서는 피아의 갈등 외에 주인공 내면의 갈등, 인민 내부 혹은 부대 내부의 갈등이 많이 설정된다.

『조국』에서 안태하, 조희선을 비롯한 인물들의 내면 갈등이 아주 섬세하게 묘사되었다. 적들이 곧 쳐들어 온다는 소식을 접한 후 발파수인 안태하는 철교 폭파의 명령을 받고 홀로 떠나게 되는데 오직 임무수행에만 정신을 몰두하는 그는 산 너머 상공에서 적기가 폭탄을 떨구고 기총소사를 퍼붓지만 아랑곳하지 않고 목표를 향해 전진한다. 하지만 도중에 정작 피난민들이 숨이 턱에 닿도록 급히 뛰어 올라가는 것을 보게 되고 뒤에서 적들이 쫓아오고 있는 것을 알게 되자 태하는 갑자기 당황한다. 앞으로 계속 전진하여 철교를 폭파해야 할 것인가 아니면 적들을 피해 달아나야 할 것이냐 하며 그는 자기의 행동을 결정짓지 못하고 피난민들을 따라 뛴다. 얼마간 뛰던 그는 자기의 임무를 생각하게 되어 마음을 고쳐먹고 다시 철교로 향하게 된다. 하지만 아쉽게도 철교 폭파의 임무는 실패하고 그는 적들에게 잡혀가고 만다. 치안대로 끌려가 고문당하는 과정에 안태하는 또 한차례의 심각한 내면 갈등을 겪게 된다.

> 어떻게든 살 수만 있다면 얼마나 좋으랴! 이들은 정말 자기를 죽일가? 자기가 무슨 그리 큰 간부라고 설마 죽이기까지 하랴! 덕기의 말대로 순종하기만 한다면 살 수 있을

가? 머 빨찌산 근거지야 거짓말을 꾸려대지. 그리고 순종하는 것처럼 하다가 슬쩍 도망칠 수도 있지 않을가? 살 수만 있다면…아 그 때는 얼마나 좋았던가? 자기의 앞날은 그야말로 탄탄대로와도 같이 죽 열려 있지 않았던가? 또 다시 그 날이 돌아올 수 만 있다면…

(『조국』,89쪽)

죽음에 직면하여 이전에 탄광의 부지배인이자 지금의 치안대장이 된 송덕기의 '순풍에 돛을 달아야 잘 가는 법'이라는 감언이설에 안태하의 마음은 흔들린다. 죽음을 두려워하는 것은 인지상정이다. 안태하 역시 죽음 앞에서 마음의 흔들림을 보이는데 작품에서 이런 태하의 진실한 내면 갈등을 인간적으로 잘 보여주었다.

소설에서의 또 다른 주인공인 군당 위원장 조희선의 내면 갈등도 잘 묘사되었다. 갑자기 찾아온 전쟁은 아무런 마음의 준비가 없었던 조희선에게 무거운 짐을 지게 하였다. 그는 탄광의 인민들을 이끌고 후퇴 길에 오르게 되는데 후퇴하는 도중에 차츰 고민에 부딪치게 된다. 주위의 지형을 익숙히 알고 있지 못한데다가 후퇴하는 대오 내에는 이런저런 곤란이 꼬리에 꼬리를 물고 일어난다. 게다가 적들이 수시로 앞에서 나타날 위험도 있었다. 이런 상황에 직면하여 조희선은 회의에 빠진다. 후퇴하는 사람들은 자기 한 사람만 굳게 믿고 따라가는데 자기는 지형조차 잘 알지 못한다. 정찰대를 조직하여 한걸음 한걸음씩 앞으로 나아가기는 하나 그가 과연 이 많은 사람들을 이끌고 잘 후퇴할 수 있을까 하고 조희선은 내면의 갈등에 빠진다.

『젊은 용사들』에서 권혁창 역시 자기의 지휘능력에 대한 믿음을 잃고 갈등 속에 빠진다. 자기가 지휘하는 작은 고지 탈취 전투가 실패하자 무한한 회의에 빠진다. 비록 제때에 철수하여 인원 손실은 없었으나 전투가 끝나고 전투 보고를 할 생각을 하니 난감해지고 자기가 지휘관으로서 참 무기력하다고 느껴진다. 또 옆에 있는 전사들이 자기를 비웃는 것 같았고 '동무는 우리를 지휘할 자격이 없습니다! 동무는 무기를 내놓고 돌아가시오!'라고 질책하는 것만 같았다.

이런 개인의 내면 갈등 외에 대오 내부 혹은 인민 내부에서 일어나는 작은 갈등도 많이 나타난다. 이런 갈등은 주로 전투작전에서의 의견 대립, 불만 혹은 상대방 인물에 대한 질투심 등으로 표현된다.

『고지의 영웅들』에서 군관학교 출신인 중대장은 만사를 독단적으로 처리하는 성격을 갖고 있고 노동자 출신이고 당

사업을 한 경험이 있는 정치부중대장은 돌다리도 두드리면서 건너가는 격으로 일을 신중하게 처리하는 사람이다. 소설에서 두 사람은 서로 상대방을 존경하면서도 의견 상 늘 차이가 생겨 갈등한다. 802고지를 사수할 때도 정치부중대장은 부대에 식량이 떨어진 것을 보고 먼저 식량을 날라오자고 제의하지만 중대장은 전투가 끝난 다음 저녁에 가져와도 된다고 그 의견에 동의하지 않았다. 결국 전투는 예상대로 끝나지 못했고 식량도 날라오지 못하여 전사들은 배를 굶으면서 계속 전투를 해야만 하였다. 이에 정치부중대장은 자기의 의견을 고집하지 못한 것을 후회했고 중대장은 총에 맞아 희생되는 순간 정치부중대장에게 자기를 용서해달라고 말한다.

『흰 구름 피는 땅』에서 양수장 복구의 문제를 둘러싸고 마을사람들은 갈등한다. 제대군인 김철수를 비롯한 몇몇 사람들은 적기에 파괴된 양수장을 건설하여 생업을 계속해나갈 것을 주장하면서 밤낮없이 바삐 보낸다. 하지만 김인학과 장덕일을 비롯한 몇몇 마을간부들은 전시상황에서 양수장을 복구한다 한들 또 폭격에 파괴될 것이라며 양수장 복구 건설에 소극성을 보인다. 심지어 군농민동맹에 마을사람들이 양수장 복구 건설을 환영하지 않는다고 알리기까지 한다. 봄

철이 되어 비가 한 방울도 내리지 않자 마을사람들 사이에도 갈등이 일어난다. 일부 농민은 연늪벌에 물을 올려 농사를 짓자고 적극적이지만 일부 농민은 논농사를 짓는 일은 이미 틀렸다며 논에 서곡이라도 심으려고 한다. 결국 마을에서 일어나는 이런저런 갈등은 주인공인 김철수 등의 노력을 통하여 하나하나 해결된다.

이외에도『젊은 용사들』에서 이상한 성격을 가진 상급부장 유경모와 성격이 급하고 사리가 밝은 리수복사이의 갈등도 잘 묘사하였으며,『도성소대장과 그의 전우들』는 질투심이 강한 홍규 상위와 김도성 및 그 대원들사이의 갈등도 잘 묘사하였다.

소설에서 이런 갈등의 설정은 소설에 재미를 가해주었을 뿐만 아니라 갈등 속에서 인물의 내면 세계가 보여지고 인물의 성격이 더욱 잘 드러나게 함으로 현실적인 인물상을 부각하게 하였다. 또 피아 갈등이 아닌 내부 갈등에 대한 설정을 통하여 현실의 복잡다단한 면을 잘 보여주고 갈등 속에서 이야기가 발전하게 함으로 굴곡진 이야기 전개를 보여주기도 하며 이러는 과정에 작중 인물의 다면적인 모습도 보여주게 된다. 소설에 이런 여러 가지 갈등을 설정하게 된 데는 당시 문단에서 무갈등론에 대한 극복과 도식주의 극복의 논쟁과 일정한 관계가 있다. 이는 1950년대 소설 속에서 보여지는 제일 큰 진보라고 할 수 있다.

2) 상황 교체 서술과 승리의 결말

1950년대 전쟁제재 중장편소설을 보면 대부분의 소설이 불리한 상황으로부터 시작되어 작중의 인물들이 난관을 극복하고 적극적인 투쟁을 벌임으로써 승리를 이룩한다는 상황 교체의 단선적인 구조를 취하고 있다.

앞에서 서술했듯이 북한의 소설은 긍정적 인물 형상화에 주력한다. 전쟁제재의 소설에서는 긍정적인 인물의 영웅적인 면모를 부각하는데 주력하게 되는데 이런 긍정적 인물의 영웅적인 면모는 그의 영웅적인 행동을 통하여 발현된다. 특히 전쟁의 불리한 상황에서 그들의 영웅적인 면모가 남김없이 발휘된다. 때문에 소설의 시작은 보통 불리한 상황으로부터 시작된다.

최전방을 묘사한 소설에서는 전투가 불리한 상황 혹은 위험한 상황에 처한 것으로부터 시작되고 후방을 묘사한 소설에서도 적들의 침입으로 후방의 인민들이 부득이하게 원래 있던 곳을 떠나야 한다는 것으로부터 시작된다. 이런 불리한 상황에서 관련 있는 인물이 나타나 문제해결에 도움을 주어 상황 역전이 일어나게 하거나 집단 이익에 큰 도움을 주어 문제를 해결하게 된다. 불리한 상황에서 해결된 상황으로 교체하는 구조는 일부 소설에서 여러 번 반복적으로 나타나기도 하는데 이런 설정은 불리한 상황을 그려내어 곤란을 조성하고 이러한 곤란을 어떻게 긍정적 인물들이 극적으로 타개해 나가는 가를 그려냄으로써 그들의 영웅상을 더욱 두드러지게 한다.

『젊은 용사들』에서 고지가 위협당하는 위험한 상황에서 권혁창, 리수복 등을 비롯한 북한군인들은 불굴의 정신으로 용감하게 싸움으로써 끝내 전세의 역전을 가져온다. 『고지의 영웅들』에서 막강한 화력으로 끊임없이 진공하는 적들에 직면하여 고지의 용사들이 생명을 아랑곳하지 않고 결사적으로 싸워 끝내 사단의 총공격을 기다리게 되고 고지를 사수하는데 승리하게 된다. 여기서 열세에 처한 진지의 정황은 작품중의 인물들이 영웅적인 행동을 취하게 하는 조건으로 제시되는데 그들은 이런 위험의 극한상황에서 그것을 극복함으로써 비교할 수 없는 영웅성을 구현하게 된다.

『싸우는 마을사람들』은 마을에 침입한 적군들이 마을사람들을 붙잡아 고문하고 닥치는 대로 죽이고 여성을 겁탈하는 등 아주 비참한 상황에서 시작된다. 하지만 최치부를 비롯한 작중의 인물들은 이런 불리한 상황에 직면하여 추호의 두려움도 나타내지 않고 오히려 완강히 맞서 싸운다. 그들은 적들의 갖은 고문에도 굴하지 않고 비밀을 사수한다. 비록 그들은 무기도 가지고 있지 않고 적들을 대처할 방법도 없지만 잔혹한 고문에 완강히 견디어 내는 강인한 의지 자체가 사람들을 감동시키는 것이다. 소설은 후반부에 이르러 권영필 등 간부들과 마을청년들로 구성된 유격대가 들어와 적들을 일망타진하고 마을사람들을 구해내는 것으로 마무리를 짓는다.

『조국』은 역시 탄광마을에 적이 쳐들어와 마을사람들이 탄광을 폭발시키고 후퇴길에 나서는 것으로부터 시작된다. 마을에 남아있는 사람은 적에게 굴하지 않고 완강히 견디어 내고 후퇴한 사람들은 유격대를 조직하여 탄광마을을 탈취함으로써 승리를 이룩한다.

후방 인민들을 묘사한 소설들에서는 보통 미군의 침입으로 마을사람들이 두 갈래로 나뉘어지는데 한 갈래는 부득이한 사정으로 마을에 남아있게 되고 한 갈래는 후방으로 후퇴하게 된다. 마을에 남아있는 사람들은 마을에서 적들의 갖은 혹형에 굴복하지 않음으로 그 완강함을 보여주고 후퇴한 사람들은 유격대를 조직하여 훈련을 거치고 마을을 수복하는 전투를 전개함으로써 그 영웅성을 보여준다.

불리한 처지에 놓인 위급한 상황일수록 더욱 전투적이고 영웅적인 인물들이 부각되는 것은 인민의 투쟁을 고무하도록 복무하는 문학의 교화 기능이 더욱 강조되었다는 것을 말해준다. 여기서 인민의 열정을 불러일으키고 종국적 승리에 대한 확고한 신념을 굳게 심어주려는 당시 북한 전시문학의 특수성과 목적성을 찾아 볼 수 있다.

소설은 불리한 상황으로 시작되지만 결국은 승리의 결말로 교체된다. 전방 전장에서는 북한군인들의 결사적인 전투로 승리를 이룩하게 되고 후방에서는 유격대를 조직한 마을사람들이 되돌아와 마을을 수복함으로써 승리를 이룩한다. 설혹 전쟁에서 승리를 가져오지 못하더라도 그 결과는 참담하지 않았다.

『서울사람들』에서 서대문 구역당 특별자위대원들은 생명을 걸고 2주일간이나 완강하게 싸웠음에도 불구하고 서울을 적들에게 내주어야만 하였다. 이것은 그들에게 있어서 참으로 원통한 일이었으며 슬픈 일이었다. 하지만 작가는 그것을 결코 슬픈 일로만 그리지 않고 오히려 거기에 희망을 부여하였다. 서울을 사수하던 당 일꾼들과 자위대원들과 청년

근위대원들은 빨치산이 되어 북한산으로 떠나는데 그들의 모습은 풀이 죽은 모습이 아니라 대대 전원이 빨치산의 노래를 부르면서 씩씩하게 전진하는 활기찬 모습이다. 소설에서는 "잘 있거라, 부디 잘 있거라! 우리는 언제든지 너를 버리지 않으리라! 우리들은 언제든지 너와 함께 있으리라!" (『서울사람들』, 150쪽)라는 낙관적인 심정 토로로 막을 내린다. 서울을 뒤로 하는 길은 퇴각의 길이다. 그러나 동시에 승리의 길이었다. 그들에게 있어서 그것은 빨치산의 길이었고 재진격의 길이었기 때문이다. 북한산으로 들어가는 빨치산들의 씩씩한 모습은 독자들로 하여금 그들이 패배하였다는 인상을 받게 하는 것이 아니라 2주일간이나 용감하게 버티었다는 사실을 확인해 줌과 아울러 또 그들이 빨치산의 길로 떠났다는 사실로 반드시 승리자로 서울에 되돌아 오리라는 희망을 갖게 한다.

승리의 확신을 구체적으로 보여주는 일은 1950년대의 상황에서 아주 중요했다. 문학작품이 승리의 이미지로 끝나야 한다는 것은 전쟁 발발 전부터 북한의 창작원칙이지만 전쟁의 비상한 시기에는 그것이 더 필요했기 때문이다.

3) 행복했던 시절 회고

후퇴 시기에 이르러 북한인민은 모두 고난의 당사자로 전락되고 만다. 고난의 경험은 새 제도 속에서 살아왔던 지난 5년간의 생활과 강렬한 대비를 이룬다. 그래서 지난 시기는 흔히 그리움의 대상으로 돌이켜진다. 1950년대 6·25전쟁제재 소설에는 8.15해방 후의 짧았지만 행복했던 나날에 대한 회고 장면이 많이 삽입되어 있다.

> 집 뒤에 선 누런 밤나무, 싱싱하게 통이 든 배추밭, 나무 잎 떨어지는 뜰악, 오리가리 가르마처럼 갈라져 나간 정든 길목들…… 계덕근이의 머리 속엔 떠오르지 않은 것이 없다. 그는 그 중에서도 지울 수 없는 생각은 마을 앞으로 누워나간 갈벌이였다. 금년 농형은 더욱 좋았다. 갈벌은 온통 황금 빛으로 떨치였다. 개 꼬리 같이 늘어진 이삭을 손에 잡으면 묵직하고 차돌같이 도글도글하다. 이처럼 다 여문 풍작은 벌판에 내버리고 왔다. 허기야 이 판에 그것만 소중하랴만 계덕근이에겐 다른 어느 것 보다 이것이 아깝고 분하다.
>
> (『싸우는 마을사람들』, 22쪽)

위의 인용문은 『싸우는 마을사람들』에서 개안마을 농민들이 적들을 피하여 산속으로 들어갔을 때 밤에 잠을 이루지 못하고 뒤척이는 계덕근이의 고향생각이다. 소박한 농민들에게 있어서 앞뒤 정원을 알뜰하게 가꾸고 열심히 농사를 지어 황금물결치는 곡식을 바라보는 것은 최대의 낙이었다. 하지만 이런 소박한 생활의 낙마저 빼앗길 것을 생각하니 분하기만 한 계덕근이다.

> 조선 옷을 입는 시간—그것은 근로하는 녀성들이 생활에서 평화스러운 가정적인 행복을 의미하는 것이였다. 여덟시간의 근무를 끝마치고 돌아오면 그들은 포근한 저고리와 정갱이까지 츠렁츠렁하는 통치마를 입고 극장이나 구락부에 가고 때로는 국화꽃 냄새 그윽한 책상머리에서 책을 읽거나 뒷산 바위 벼랑 우에 붉게 핀 진달래꽃 꺾으러 가는 것이였다. 그러나 인제 그런 시간이 그들에게는 없어졌으며 또 언제 올는지 알 수 없는 일이였다.
>
> (『조국』, 58쪽)

이것은 『조국』에서 한정옥이 후퇴하려고 육사크에 짐을 싸다가 포개 놓은 조선옷을 보고 전쟁 발발 전 행복했던 나날을 그리는 대목이다. 해방 후 그들의 생활은 참으로 꽃피는 생활이었다. 그들에게는 삶을 영위해 나갈 수 있는 일터가 있었고 퇴근 후에도 여유작작한 시간을 누릴 수 있는 생활이 마련되어 있었다. 하지만 뜻하지 않은 전쟁은 이런 행복한 생활을 빼앗아 가게 되고 그들은 하는 수 없이 후퇴 길에 오르게 된다.

8.15해방을 맞으면서 압박과 착취를 받아오던 북한인민은 진정으로 신세를 고치게 되었다고 생각했다. 해방을 맞은 북한에서는 조선노동당 주도로토지개혁을 비롯한 제반 민주개혁이 실시된다. 토지개혁의 결과 봉건적 생산관계가 청산되고 농민들이 토지의 주인이 되었고 또 산업국유화법령을 실시한 결과 일본 침략자들과 친일파들의 경제적 지반이 청산되고 인민경제에서 국영 부문이 지도적 위치를 차지하게 되었으며 사회주의적 생산관계가 새로 발생하게 되었다. 나라의 주인으로 된 북한인민은 인민정권의 이런 새로운 제도 하에 종래로 누려보지 못했던 행복을 누리게 되었다고 생각한다. 계덕근이처럼 한평생 머슴살이로 살아온 사람들은 자기소유의 토지를 가지게 되었고, 한정옥처럼 어린 시절부터 고아로 여기저기 떠돌아다니며 고생하면서 자란 여인은 생을 영위해 나갈 수 있는 고정된 직업까지 갖게 되었다.

이런 잠시나마 행복했던 나날들은 조선노동당의 영도가 있었기 때문에 가능했다고 생각하기 때문에 이런 행복한 생활의 회고 내용을 통하여 당과 인민정부의 정확성을 다시금 확인하면서 사람들로 하여금 전쟁 시기에도 당 주위에 뭉쳐 당이 가리키는 방향을 따라 굳건히 전진할 것을 호소할 수 있는 것이다.

전쟁은 행복했던 시절의 모든 것을 순식간에 빼앗아 가버리고 만다. 농민들은 땅을 빼앗기게 될 것이고 노동자들은 직장이 파괴될 것이라 생각한다. 그들을 이 전쟁의 도가니 속에 빠뜨린 장본인은 바로 철천지원수인 미군이라고 생각한다. 이렇게 옛날의 행복했던 생활에 대한 회고의 삽입은 긍정적인 인물들의 성장과정에 중요한 촉매제의 작용도 하고 있다. 자기가 몸소 느꼈던 하늘땅 차이의 변화는 긍정적 인물들로 하여금 이런 생활을 빼앗아간 미군에 대하여 더 없는 분개를 나타내게 하면서 빼앗긴 생활을 되찾기 위하여 전쟁에서 더욱 씩씩하고 더욱 용감해지도록 고무격려하게 된다.

이렇게 작품의 곳곳에는 해방을 맞은 후 북한인민들이 행복한 생활을 해나가던 시기를 회고하는 장면들이 많이 삽입되어 있다. 이는 사회주의개조가 진행되고 있던 1950년대 북한의 현실을 감안하면 이러한 북한에서의 새 제도에 대한 긍정과 찬양은 전후복구 건설과 사회주의 제도의 확립을 추동하기 위한 현실적 요구를 반영한 것이라고 할 수 있다.

제6장

결 론

1950년대 북한은 전쟁으로 인한 격동의 시대였다. 만 3년1개월 동안 한반도 전역을 휩쓸었던 총성과 포연은 많은 상처들을 남긴 채 휴전되었다. 민간인의 사상자 수만도 백만 명을 넘어섰던 끔찍한 동족 학살, 막대한 국가 재산의 피해, 전쟁이 남긴 초토화된 폐허, 잃어버린 이웃과 평화, 사라진 동족 간의 믿음, 아름다웠던 풍속들의 소멸, 이 모든 것이 남북 모든 사람들에게 아픈 기억으로 남게 되었다.

1950년대 북한소설문학은 6·25전쟁으로 인해 파생된 당대의 제반 사회역사적 조건을 기반으로 형성되었다. 처절한 전쟁의 년대, '모든 것을 전쟁의 승리를 위하여'라는 조선노동당의 호소 하에 북한에서는 모든 것이 전시체제로 개편되는데 이 시기의 문학도 '무기로서의 문학'의 기능을 행사하게 된다. 문학작품의 주제도 전쟁에서 인민들을 격려하고 그들의 투지를 자아내게 하는 내용들이 주류를 이루었고 인물의 형상 부각에서도 전장이나 후방에서 용감히 싸우는 영웅적 인민들의 모습을 형상화하는 것이 보편적이었다. 정전협정의 체결로 전쟁이 일단락된 후 북한에서는 초토화된 폐허 속에서 전후복구건설이 시작되는데 북한인민의 전후복구건설의 열의를 올리기 위해서는 전쟁 시기의 용감무쌍했던 사람들의 영웅 정신이 필요하였다. 따라서 전쟁 시기를 돌이키는 것이 필요하게 되었다. 그것은 숱한 영웅들이 헌신의 본보기를 보인 격정의 시기였기 때문이다. 이렇게 1950년대에는 전쟁제재소설이 그 주제나 인물형상화를 통하여 북한인민들이 분발노력하도록 격려하는 정신적인 에너지로 작용했으며 그 창작은 계속되었다.

전쟁제재의 소설인 만큼 애국주의에 기초한 대중적인 영웅을 그리는 것은 제일 주된 주제로 나서고 있다. 애국주의는 사람들을 격려하여 '정의로운 조국해방전쟁'에 적극적으로 일어나서 미제를 몰아낼 결심을 가지게 한다. 소설에서 애국주의는 주로 최전방에서 용감무쌍하게 싸우는 북한군인들의 이야기, 후방에서 추호의 두려움도 나타내지 않고 완강히 맞서 싸우는 후방인민들의 이야기로 나타나는데 평범한 인민들이 용감하게 싸운 역사적인 흔적들을 격동적인 필치로 보여주고 있다.

전후의 복구건설시기에 들어선 후 북한에서는 인민들이 당 주위에 뭉쳐 당이 가리키는 방향을 따라 주저없이 나아갈 것이 필요했다. 이때 당의 위상을 높이고 인민들의 건설 열정을 불러일으키는 것은 시급한 일이었다. 그리하여 당을 대표하는 당 일꾼들의 이야기는 중요한 의미를 띠게 된다. 소설에는 당 일꾼들이 인민들을 거느리고 전쟁에 참여하고 승리를 이룩하는 모습들이 많이 보이는데 이는 당 일꾼들의 영도의 정확성을 보여주면서 조선노동당의 지도 방향과 노선의 정확성을 말해주기도 한다.

한편, 소설에는 전쟁 중의 비참한 모습들이 많이 묘사된다. 불타고 있는 거리, 파괴된 집과 이리저리 내동댕이쳐진 살림살이들, 게다가 여기저기 처참하게 늘어져 있는 사람들의 시신은 사람들에게 무한한 비통을 자아내게 한다. 휴전 후 미국은 "조선이 앞으로100년을 걸려도 다시 일어서지 못한다"고 호언장담했을 정도[1]로 전 한반도를 초토화로 만든 이 전쟁은 그만큼 참혹하고 비인간적이었으며 당시 사람들에게 무한한 고통을 가져다 주었을 것이다. 하지만 6·25전쟁

1) 김호웅, 정문권, 김관웅, 『북한문화와 문학의 역사적 이해』, 창과현, 2004, 123쪽.

제재 소설에서 이러한 비참함에 대한 묘사는 전쟁의 참혹함에 대한 고발에만 있는 것이 아니다. 북한의 국토를 불타게 만든 장본인인 미군의 만행을 폭로함으로써 인민의 반미 의식을 고조시키려는 뚜렷한 목적성도 드러내고 있다.

북한의 현대문학은 인물의 형상화를 통하여 혁명적 과업을 수행하는 과정을 전개하고 아울러 인민들을 교양하는 효과를 얻는다. 때문에 인물형상화의 문제는 북한현대문학 작품연구에서 빼놓을 수 없는 중요한 요소이다.

전쟁제재의 소설에서 북한군인의 형상은 대표적인 긍정적 인물상이다. 북한군인은 용감무쌍할 뿐만 아니라 견인불발한 의지를 갖고 있고 강렬한 집단주의 정신을 갖고 있을 뿐만 아니라 우수한 인격 매력의 소유자이기도 하다. 소설에 묘사되는 북한군인들은 거의 완미한 형상에 가깝다. 또한 후방에서도 적들의 침입에 직면하여 각자 자기의 영역에서 용감성을 발휘하는 인민들의 형상이 돋보인다. 노동자들은 자기의 직장을 수호하기 위하여 적 후방의 활동을 과감하게 벌리고 농민들은 자기들이 어렵게 얻어온 땅을 지키기 위하여 목숨까지 내건다. 소설 중의 여성인물들은 전쟁 속에서 피해만 받는 나약한 여자인 것이 아니라 전쟁이라는 극한 상황에서도 남자들 못지 않은 활약상을 보인다. 이중에는 위대한 어머니상도 많다. 그들은 자기의 작은 가정보다 조국이라는 큰 가정을 위하여 헌신하며 어머니로서 자식을 잃은 슬픔을 조국 해방을 위한 힘으로 전환시킨다. 이렇게 조국이 수난을 당할 때 북한인민들은 남녀노소 할 것없이 분연히 일어서서 대항하는데 그들의 정신은 모든 사람들이 따라 배워야 할 본보기가 된다.

부정적인 인물상에서 북한인민들에게 있어서 미군은 전쟁의 장본인인 것만큼 최대 악의 대상이다. 인간이 아닌 동물상을 하고 있는 그들은 잔인함의 대명사이며 비겁함의 대명사이다. 그들은 반항의 힘이라곤 꼬물만치도 없는 갓난애까지 눈 한번 깜박이지 않고 죽이는 인성이 없는 악인들로 묘사된다. 그들의 이런 잔인성은 미군뿐만 아니라 그것이 연장되어 전체 미국인의 잔인성으로 연장된다.

소설 중의 한국군 역시 북한인민의 증오의 대상이므로 잔인하고 탐욕스럽고 무식하며 항상 미군에 빌붙어서 행사하는 비열한 모습으로 형상화된다. 하지만 그 중에는 자기의식이 아닌 강박에 의하여 전장에 끌려 나온 한국군인들도 존재한다. 소설에서 이런 한국군 군인에 대한 묘사는 비교적 이색적으로 나타나는데 이는 다른 한 측면으로 한국군 역시 전쟁의 피해자라는 것을 간접적으로 말해주고 있다.

미군 앞잡이로서의 치안대원과 경찰은 말 그대로 앞잡이로서 그 지역의사람들에게는 눈에 든 가시이다. 그들은 보통 전쟁 전에 그 고장에서 살았으므로 그 고장의 정황을 속속들이 잘 알고 있다. 미군과 한국군이 들어오자 물고기가 물을 만난 듯 온갖 아첨을 하면서 그들의 명령에 따라 잔인한 죄악을 저지른다. 치안대원과 경찰들은 총을 꼬나 들고 살판나서 돌아다니는데 겉보기에는 위풍당당해보이지만 기실은 미군과 한국군의 끄나풀에 불과한 것으로 그들의 심부름만 하고 눈치를 보면서 행사하는 가련한 존재로 나타난다.

이렇게 적군의 형상은 언제나 잔인무도하고 탐욕스러운 형상으로 부각된다. 그만큼 북한인민에게 있어서 그들은 악에 사무치는 상대였기 때문이다. 또한 소설에서 그들은 언제나 겁쟁이로 등장하는데 허우대만 컸지 전장에서는 무기력한 '종이 호랑이'에 불과하다. 이를 통해 적들이 그렇게 무서운 존재가 아니라서 북한인민은 충분히 싸워 이길수 있다는 필승의 믿음을 가져다 주기도 한다.

이렇게 6·25전쟁제재 소설은 긍정적인 인물과 부정적인 인물이 확연히 구별되는 양상을 나타내고 있다. 6·25전쟁제재 소설에서 긍정적인 인물형상들은 모두 지나치게 우수하게 부각되었기에 긍정적 인물상을 찬양하기 위한 소설이라고 할 수 있다. 북한소설에서 영웅적인 인물은 실제로 존재했는지 여부가 중요한 것이 아니라 현재의 필요성에 의해 나타난 것이 중요하다. 더욱이 당시 북한에서는 대중영웅들의 영웅상을 부각할 것을 문예정책 면으로부터 제시했기에 긍정적 인물들은 완미한 인물상으로 나타날 수밖에 없었다. 하지만 지나친 목적의식은 인물들이 도식적이고 유형화되는 폐단을 가져오게 하였다. 당시 작가들의 시선은 집단의 목표라는 이름아래 행해지는 인물의 우수성을 표현하는 데만 집중하였기에 개인의 문제는 부차적으로 다루어졌던 것이다. 비록 전후의 느슨한 환경 속에서 긍정적 인물 형상의 부각에서 인간적인 약점도 더러 다루었지만 그것은 극히 작은 부분일 뿐 '완미한 영웅 인물'이라는 큰 틀은 벗어나지 못했다. 부정적 인물들의 형상 부각도 마찬가지이다. 반미 의식 고취라는 지나친 목적의식 아래 적군들의 형상은 잔인, 탐욕, 비겁 등 부정적인 형상으로만 나타나서 그들의 형상 역시 도식적이고 유형화된 특성을 나타낸다.

특수한 성격을 가진 인물들의 등장은 소설에 재미를 한층 더해준다. 해방 후의 복잡했던 사회상황에서는 이러저러한 인물들이 많이 존재한다. 하지만 전쟁이라는 격동의 시대에 작가들은 이런 인물들에 대하여 깊이 관찰할 여유가 없었을 것이다. 그들은 다만 선과 악의 쌍방으로 북한인민과 적군들을 대치시켜 놓고 그 투쟁 과정을 보여줌으로써 긍정적 인물들의 영웅상을 보여주고 부정적 인물들의 추악상을 보여주었던 것이다. 하지만 전쟁이 일단락 되고 시간의 여유를 가지고 사회를 관찰하는 작가들은 그것이 그렇게 간단하지 않다는 것을 발견하였을 것이다. 그리하여 그들은 작품 속에 이런 복잡한 인물상을 그려 넣게 되는데 이는 작품에 재미를 가해주었을 뿐만 아니라 현실성도 보장하여 독자들의 공감을 불러일으키기도 한다. 본 논문에서 살펴본 낙후한 북한군인, 소극적인 후방 인민은 앞의 긍정적인 인물상들과 대조되는 인물들이다. 그들은 낙후한 사상을 갖고 있고 낙후한 행동을 하며 소극적인 사상의 주도아래 소극적인 모습을 보인다. 하지만 바로 그들의 이러한 모습이 현실의 진실한 반영이라고 본다. 이런 인물상은 전후에 창작된 소설들에서 많이 등장하는데 이런 형상들이 등장할 수 있었던 것은 전후의 도식주의 극복에 관한 일련의 논쟁들이 일어나고 사회상에서 비교적 자율적인 분위기가 형성된 혜택을 입었기 때문이라고 본다.

이외에 카멜레온적 변신을 하는 사람들의 형상도 나타나는데 이는 당시 복잡한 사회 상황에서 잠재하고 있던 사람들의 모습을 형상적으로 보여주면서 인민 내부에 숨어있는 잔재분자들에 대한 경각심을 높이라는 경종의 의미이다.

북한소설은 긍정적 인물이 지극히 평범한 사람으로부터 영웅으로 성장하는 과정을 보여주는 것을 통하여 교화의 작용을 행사한다. 그런데 이런 인물들의 성장은 거의 비슷하게 설정된다. 긍정적 인물들은 보통 가난한 집안의 자식으로 태어나 일제시기 온갖 고초를 겪으며 자라다가 해방을 맞게 되고 떳떳한 나라의 주인이 되어 열성껏 살아나간다. 그러다가 전쟁을 맞이하여 의연히 전쟁에 참여하게 되는데 전쟁 속에서 그들은 온갖 시련을 겪으며 성숙해진다. 그러다가 긍정적 인물 소속 집단에서 고난을 겪게 되는데 긍정적 인물의 영웅적인 행동으로 고난이 타개되고 승리를 이룩한다는 모식이다. 이런 계급 출신, 당의 햇빛 정책, 전쟁 발발 후 시련 속에서 성장, 집단을 위한 영웅적인 행동 실시 등과 같은 고정적인 서술은 당시 인민들을 교화하는 최선의 선택이었을 것이다. 하지만 모든 영웅인물들이 거의 비슷한 성장과정을 겪음으로써 소설들은 천편일률적이고 도식적인 것에서 벗어나지 못한다.

1950년대 6·25전쟁제재 소설들에서 영웅 인물의 죽음은 비극이 배제되는 죽음이다. 그들의 죽음은 필연코 승리를 가져오는 죽음이고 희망을 가져오는 죽음이기 때문이다. 소설 중 영웅의 죽음은 주위의 사람들에게 비장한 각오를 가져오게 함으로 주위 사람들이 분발할 수 있는 동력으로 되게 한다. 또 일부 소설에서는 혁명의 계승을 보여주면서 긍정적 인물의 죽음으로 인한 슬픔을 감소시키기도 한다. 이런 소설들에서 긍정적 인물들의 죽음의 비극성을 배제하는 것은 혁명적 낭만주의의 표현이기도 하다.

1950년대 6·25전쟁제재 소설들에서는 또 혁명의 전통성을 강조한다. 이는 긍정적 주인공들이 선대로부터 이어 받은 가족적인 혁명전통에서부터 외세를 물리치던 민족영웅들로 확장된다. 소설 속에서 민족영웅들을 자주 거론함으로써 북한인민에게 외세를 물리친 민족영웅들처럼 용감하게 싸우면 북한인민도 미군의 침입을 물리치고 꼭 승리를 이룩할 수 있다는 믿음을 가져다 주는 효과가 일어난다. 이외 많은 소설에서 민족영웅을 거론하면서 김일성 이야기가 많이 언급되는데 이는 김일성이 북한인민의 마음속에 당대의 영웅으로 인식된 원인때문이기도 하겠지만 민족영웅으로부터 항일영웅 김일성을 이끌어내어 김일성을 우상화하기 위함이기도 하다.

1950년대 6·25전쟁제재 소설들에서 애정이야기가 차지하는 분량은 별로 많지 않다. 하지만 애정이야기가 등장할 때는 적은 분량의 애정서사마저도 뚜렷한 목적성을 가지고 서술된다. 사랑이 혁명과 충돌할 때 작중의 인물들은 언제나 개인의 감정은 제쳐놓고 혁명을 우위로 한다. 여기서 전쟁 시기 청년남녀들의 고상함이 엿보인다. 소설 중의 인물들은 사랑을 선택할 때도 당시 시대의 분위기에 맞게 계급 입장이 분명한 사랑을 선택한다. 『개마고원』에서 당 일꾼인 경석이가 지주의 딸 순희를 사랑하던 것에서 혁명가인 안계숙을 아내로 선택한 것은 이를 잘 말해준다. 당 일꾼으로써 본보기를 보여주어야 했기 때문이다. 또한 일부 소설의 사랑이야기는 작품에서 주인공의 품성을 돋보이게 하는 도구로써 작용한다. 소설 중의 긍정적 인물이 여인들의 사랑을 받게 되고 최종적으로 애정을 수확하게 된다는 설정인데 이런 사랑의 설정을 통하여 간접적으로 긍정적 인물들의 우수함을 보여주고 있다.

이외 소설들에서는 주제와 인물 형상을 부각시키기 위하여 서사 면에서 여러 가지 전략을 취하였는데 인물의 성격 특징을 부각시키기 위하여 여러가지 갈등을 설정하기도 하고 인물의 영웅성을 표현하기 위하여 상황 교체의 서술을 취하였으며 또 인민들에게 승리의 희망을 가져다 주기 위하여 승리의 결말을 설정하였다. 또 북한인민들의 애국심을 유발하고 당의 정확한 영도를 찬양하기 위하여 소설에 전쟁 발발 전 행복했던 나날들에 대한 회고를 삽입하였는데 이는 다른 한편으로 전쟁의 장본인인 미군에 대한 적개심을 고취시키는 작용을 하기도 한다.

결론적으로 1950년대 북한의 전쟁제재 소설은 긍정의 소설이라고 할 수 있다. 주제 면이든 인물 형상 부각 면이든 모두 긍정적인 면을 보여주려고 노력하였다. 여기에서 당시 절대적인 북한 문예정책의 영향을 볼 수 있다. 전쟁 시기이든 전후 시기이든 북한에서는 모두 문예정책 면에서 작가들의 창작 임무와 창작 방법을 규정해주었는데 작가들은 이런 정책에 적극적으로 부응해 나서야 했고 또 부응해 나설 수밖에 없었던 것이다. 그것은 당시의 사회 실정이 이런 긍정적인 면의 확인을 통하여 인민들을 고무격려해야 하는 필요성이 있었고, 문단에서 일어났던 일련의 일들, 예를 들면 '응향 사건'이나 '남로당 계열 작가들의 숙청' 등과 같은 사건들이 당시 작가들에게 큰 영향을 끼쳤기 때문이다. 전후 소련 문학의 영향 하에 무갈등론을 비판하고 도식주의를 극복하는 일련의 논의들이 나타나고 실제적인 체험에 기초한 창작을 진행할 것을 호소하는 문예정책의 규정으로 북한문단은 상대적으로 '자율'적인 환경이 조성되면서 문학 창작에서 일련의 변화를 보여줄 수 있는 기회가 마련된다. 따라서 문학 창작에서 이전 시기의 '고상한 리얼리즘'의 창작 방법의 틀에서 차츰 벗어나 일련의 진보성을 보인다. 하지만 이런 진보성은 작은 범위에서 머물렀으며 긍정의 문학이라는 큰 틀은 벗어나지 못하고 있다.

참고문헌

⚜ 텍스트:

김영석, 『젊은 용사들』, 조선작가동맹출판사, 1954.

리춘진, 「고지의 영웅들」, 『리춘진소설집』, 조선작가동맹출판사, 1960.

박웅걸, 『조국』, 조선작가동맹출판사, 1958.

윤시철, 『향토』, 조선작가동맹출판사, 1959.

윤세중, 『도성소대장과 그의 전우들』, 조선작가동맹출판사, 1955.

천세봉, 『싸우는 마을사람들』, 문예총출판사, 1953.
천세봉, 『흰 구름 피는 땅』, 조선작가동맹출판사,1956.
한설야, 『대동강』(한설야선집 10), 조선작가동맹출판사, 1961.
한효, 『서울사람들』, 조선작가동맹출판사, 1956.
황건, 『개마고원』, 조선작가동맹출판사, 1958.
황건, 『행복』, 문예총출판사, 1953.

⚜ 단행본:

강능수, 『시대와 문학』, 문예출판사, 1991.
구상, 『북한문학-북한주민의 정서생활에 관한 연구』, 국토통일원자료관리국, 1978.
김려숙, 변귀송, 박용학, 『조선문학사 4』, 김일성종합대학출판사, 1983.
김병민, 허휘훈, 최웅권, 채미화, 『조선-한국당대문학사』, 연변대학출판사, 2000.
김선려, 정명옥, 리근실, 『조선문학사 11』, 사회과학출판사, 1994.
김성수, 『통일의 문학 비평의 논리』, 책세상, 2001.

『김일성선집3』, 조선로동당출판사, 1953.
김용직, 『문예정책과 이론에 비추어 본 북한문학사』, 일지사, 2008.
김윤식, 『북한문학사론』, 새미, 1995.
김윤식, 『내가 살아온 한국 현대문학사』, 문학과지성사, 2009.
김윤식, 『한국 현대 현실주의 소설 연구』, 문학과지성사, 1990.
김종회, 고인환, 이성천, 『작품으로 읽는 북한문학의 변화와 전망』, 도서출판 역락, 2007.
김종회, 『북한문학의 이해』, 청동거울, 1999.
김재용, 『북한문학의 역사적이해』, 문학과지성사, 1994.
김재용, 『분단구조와 북한문학』, 소명출판, 2000.
김천혜, 『소설구조의 이론』, 한국학술정보(주), 2010.
김춘선, 『조선-한국당대문학개론』, 민족출판사, 2009.
김호웅, 정문권, 김관웅, 『북한문화와 문학의 역사적 이해』, 창과현, 2004.
김한길, 『현대조선역사』, 일송정, 1988.
권영민, 『북한의 문학』, 을유문화사, 1989.
동국대학교 한국문학연구소 편, 『전쟁의 기억, 역사와 문학』

하, 월인, 2005.
르네 웰렉, 오스틴 워렌 저, 이경수 역, 『문학의 이론』, 문예출판사, 2010.
『문학분석론』(조선문학과용), 김일성종합대학출판사, 1985.
박도 엮음, 『한국전쟁 .2 NARA에서 찾은 6·25전쟁의 기억』, 눈빛, 2010.
박정석, 윤형숙, 김동춘 등, 『전쟁과 사람들-아래로부터의 한국전쟁연구』, 한울아카데미, 2003.
박종원, 류만, 『조선문학개관 2』, 사회과학출판사, 1986.
박태상, 『북한문학의 현상』, 깊은 샘, 1999.
『소설창작수업』, 김일성종합대학출판사, 1980.
신영덕, 『전쟁과 소설』, 역락, 2007.
신상성, 송희복, 유임하 공저, 『북한소설의 역사적이해』, 두남, 2001.
신형기, 오성호, 『북한문학사』, 평민사, 2001.
안함광, 『조선문학사』, 연변교육출판사, 1956.
윤재근, 박상천, 『북한의 현대문학 II』, 고려원, 1990.
이기윤, 신영덕, 임도한, 『한국전쟁과 세계문학』, 국학자료원, 2003.
이명재, 『북한문학의 이념과 실체』,국학자료원, 1998.

이선영, 김병민, 김재용, 『현대문학비평자료집(이북편)』1-5, 태학사. 1993.

이주미, 『북한문학예술의 실제』, 한국문화사, 2003.

이재인, 『북한문학의 이해』, 열린원, 1995.

장희숙, 『소설창작과 구성』, 문학예술종합출판사, 2000.

『전진하는 조선문학』, 조선작가동맹출판사, 1960.

『조선근대현대문학사 2』(조선문학과용), 김일성종합대학출판사, 1996.

『조선문학사(1945~1958)』, 과학백과사전출판사, 1978.

『조선문학사 3』, 김일성종합대학출판사, 1982.

『조선문학사 4』, 김일성종합대학출판사, 1983.

『조선문학통사』(하), 과학원출판사, 1959.

차영애 편집, 『조선문학개관 2 』, 사회과학출판사, 1986.

최동호, 『남북한 현대문학사』, 나남, 1995.

표인주, 염미경, 박정석, 『전쟁과 사람들- 아래로부터의 한국전쟁연구』, 한울아카데미, 2003.

한스-디터 겔페르트 저, 정인모, 허영제 역, 『소설 어떻게 해석할 것인가?』, 새문사, 2002.

한국문학연구회 편, 『1950년대 남북한 문학』, 평민사, 1991.

『해방후10년간의 조선문학』, 조선작가동맹출판사,1955.

『해방후 우리 문학』, 조선작가동맹출판사,1958.
陈思广,《战争本体的艺术转化》, 巴蜀书社, 2005.
王先霈, 胡亚敏,《文学批评原理》, 华中师范大学出版社, 2005.
邱运华,《文学批评方法与案例》, 北京大学出版社, 2005.
迈克尔, 莱恩 著, 赵炎秋 译,《文学作品的多重解读》, 北京大学出版社, 2006.

⚜ 논문 및 평론

김남식, 「남북한 전후소설의 대비적 고찰」, 『국어국문학』116, 1996.
김춘선, 「조선 전시소설에 나타난 여성인물 형상화의 의미」, 『세계한국학대회논문집』, 2008.
김춘선, 「전시 조선소설에서의 전쟁의 형상화 양상」, 『21세기 중국에서의 한국학 연구의 새로운 지평』, 민족출판사, 2008.
김춘선, 「염상섭의 '취우'와 한설야의 '대동강' 비교」, 『현대문학의 연구』38, 한국문학연구학회, 2009.

권오현, 「북한장편소설의 한국전쟁형상화양상연구-장편소설 '전선'과 '50년 여름'을 중심으로」, 『한민족어문학』제49집.

박명림, 「한국전쟁, 6·25용어 사용과 기억방식에 관한 단상」, 『역사비평』, 2006.

박영자, 「북한의 근대 여성주체의 형성」, 『대동문화연구』46, 성균관대학교 대동문화연구원, 2004.

박상천, 「북한문학연구의 성과와 전망」, 『문학예술』, 한국문화예술진흥원, 2000.

서경석, 「6·25전쟁문학, 남과 북이 어떻게 다른가」, 『역사비평』, 1990.

서용선, 「각국의 입장에 따라 다른 역사적 명칭과 쟁점」, 『자유공론』6, 2002.

성동민, 「남북한 전시소설 연구-스토리 유형을 중심으로」, 동국대학교 박사학위논문, 2003.

성동민, 「남북한 전시문학의 양상 -전시문학론의 상호 대비」, 『한국어문학연구』제43집, 한국어문학연구학회, 2004.

신영덕, 「한국전쟁기 남북한 전쟁소설의 특성」, 『한국현대문학연구』14, 한국현대문학회, 2003.

신영덕, 「한국전쟁기 남북한 소설과 미군, 중국군의 형상화 양상」, 『한국인문과학연구』10집, 중한인문과학연구회, 2003.

신영덕, 「한국전쟁기 북한 소설의 특성」, 『공사논문집』 54집, 2004.

신영덕, 「한국전쟁기 남북한 소설의 탈식민주의적 연구」, 『현대소설연구』, 한국현대소설학회, 2004.

신영덕, 「한국전쟁기 북한소설의 인물유형과 특성」, 『개신어문연구』제20집.

신영덕, 「한국전쟁기 육군종군작가단의 작품 활동」, 『인문언어』.

신경득, 「전란초기 조선전쟁영웅소설의 영웅유형」, 『배달말』 24, 1999.

신사명, 「북한소설의 사회주의적 근대풍경연구」, 『인문사회논감』 제11호, 2004.

안미영, 「1950년대 한국전쟁 배경 소설에 나타난 '서울'과 '평양'」, 『개신어문연구』제20집.

오성호, 「제2차 조선작가대회와 전후 북한문학-한설야의 보고를 중심으로」, 『배달말』40.

오태호, 「'개마고원'에 나타난 인물형상의 경직성과 유연성

연구」, 『비교문화연구』제13권 제2호, 2009.
유임하, 「1950년대 북한 소설에 나타난 전쟁관념」, 『동국어문론집』제8집, 1999.
유임하, 「1950년대 북한문학과 전쟁서사」, 『현대문학』
이상숙, 「북한문학의 '민족적 특성론' 연구 -1950-60년대를 중심으로」, 고려대학교 박사학위논문, 2004.
이선미, 「북한소설 '불타는 섬'과 영화 '월미도' 비교연구-서사와 장르인식의 차이를 중심으로」, 『현대소설연구』21.
이은자, 「북한 전시소설의 주제특성에 대한 연구」, 『현대소설연구』12, 한국현대소설학회, 2000.
이은자, 「북한 전시소설에 나타난 외세인식 연구」, 『국어교육』103, 2000.
이은자, 「남북한 전시소설에 나타난 여성상 연구」, 『한중인문학연구』15, 한중인문학회, 2005.
이주미, 「북한소설의 서사적 특성」, 『한민족문화연구』제11집.
이재인, 「새로운 영웅의 창조 -북한 문예정책의 고찰」, 『경기대학교인문론고』제5호.
임재동, 최정미, 「미국의 전쟁전략과 전쟁정책」, 『한국전쟁의 이해』, 역사비평사, 1990.

장미성, 「농업협동화시기 농민의 일상과 내면 연구 –전후 1950년대 북한 소설을 중심으로」, 『학림』제30집

장미승, 「북한의 남한점령정책」, 『한국전쟁의 이해』, 역사비평사, 1990.

표언복, 「북한문학연구의 현황과 과제」, 『백록어문』제16집, 2000.

홍혜미, 「전후 북한의 문예정책과 형상화문제-박웅걸의 '조국'을 중심으로」, 『현대소설연구』28.

홍혜미, 「북한의 전후소설 연구」, 창원대학교 박사학위논문, 2003.